▲太いビーフンを使ったタイ風焼きそば「パッタイ」(バンコク)

▼日本のカレーに近いルームサービスのチキンカレー(デリー)

▶食べているうちに唇がしびれてくる麻婆豆腐（成都）

◀四川料理に慣れた後には物足りない味付けの南京風蒸し鶏

▼世界一周最後のひとり飯はキュウリと豚肉のあんかけ丼（南京）

# 世界一周ひとりメシ

イシコ

幻冬舎文庫

# 世界一周ひとりメシ

# はじめに

成田空港第二ターミナル。チェックインを済ませ、飲食店が並ぶ一つ上の階に上がる。とんかつ、ラーメン、天ぷら……当分、口にできないであろう日本の味を考えながら、結局、讃岐《さぬき》うどん屋の前に辿《たど》りつく。のれんをくぐりながら、これからひとり飯が続くのだと思うと気が重くなった。

ひとり飯が苦手である。決して一人でご飯を食べることが苦手な訳ではない。一人でご飯を食べる店を選ぶことが苦手なのだ。

そもそも何でこんなところにいるのか。四十歳という平均寿命の折り返し地点に立ち、ちょうど仕事の節目とも重なった。今後の人生を考えながら世界一周の旅に出てみようと思い立ったのである。ひとり飯は嫌いなのに旅に出たくなるなんて矛盾していると言われそうだが旅は好きなのだ。何も旅の間、四六時中、食事をしているわけではない。酢豚は好きだけれど、酢豚の中に入っているパイナップルは苦手なのと同じことである。

瓶ビールと釜揚げうどんを注文した後、店内を見回した。食べ終えると同時に立ちあがりキャリーバッグを引いてレジに向かうキャリアウーマン風の中年女性、携帯電話の画面を見てニヤニヤしながら、ものすごい速さで文字を打ち込みながらうどんを待つスーツ姿の若い男性……、店内はグループ客も多いが、ひとり飯の時間を過ごす人々の姿もちらほら目につく。彼らは海外のひとり飯をどうしているのだろう。抵抗なく、店に入ることができるのだろうか。できることならばお聞きしたいくらいである。

隣のテーブルにもひとり飯中の若い女性が座っていた。座っていたのではなく、僕が選んで座ったと言った方がいいのかもしれない。グループの隣は自然と座ることを避け、ついつい、同じ一人の人の隣のテーブルに座ることが多い。たまたま今回はピンクの薄いカーディガンを着た彼女の隣のテーブルが空いていただけで、ひとり飯の方が隣のテーブルであれば誰でも構わないのである。

機内に持ち込めるサイズのスーツケースがテーブルの脇に置いてあるところを見る

と彼女もこれから海外に出掛けていくのだろう。開いた雑誌をのぞきこみながら、山菜うどんをすすっていた。ちらっと目に入ったページにはショウロンポウらしき食べ物が掲載されている。どうやら雑誌ではなく、大判のガイドブックのようだ。ショウロンポウの写真を見ながら食べる山菜うどんの味を想像しながら、飲み干したグラスに再びビールを注いだ。

ガイドブックには、きっと地元で人気のある飲食店が掲載されているのだろう。もちろん参考にはなるのだろうが、僕にとっては店の人気うんぬんよりも、ふらりと一人で入れる店かどうかが掲載された本が欲しい。それは自分自身の問題だよと言われておしまいの気がしないでもないけれど。

人見知りは歳《とし》を経るごとに激しくなっているが場所見知りも激しくなっている。見知らぬ街を歩くことは楽しいのだが、見知らぬ食堂や屋台に入るとなると身体《からだ》が強張《こわば》る。常連客ばかりだったらどうしよう。頼み方がわからないかもしれない。店主が怖かったら嫌だ。そうかといって店主からやたら話しかけられても困る。様々な妄想が浮かび、店の前で立ち止まって二の足を踏む。

エッセイやブログなどで「見知らぬ店にふらりと入ってみた」と書かれているのを

読むとそれだけで筆者をうらやましく思う。僕自身も「ふらりと入ってみた」などと書くことはあるのだが、それはどこかで風来坊的なイメージを出そうとカッコつけて書いているだけで、本当は店に入る直前まで店の前を行ったり来たりしながら、心の中で葛藤を繰り広げ、ようやく入っているのだ。

未だに「ふらりひとり飯」を自然にできない中年の自分がこの旅を通じて、少しはひとり飯への抵抗がなくなればいいなぁと願いながら、テーブルの上に置かれた釜揚げうどんをすすった。

目次

15 ラスベガス
14 ロサンゼルス
16 メキシコシティ
10 リマ
13
モンテビデオ
11 サンティアゴ
12 ブエノスアイレス

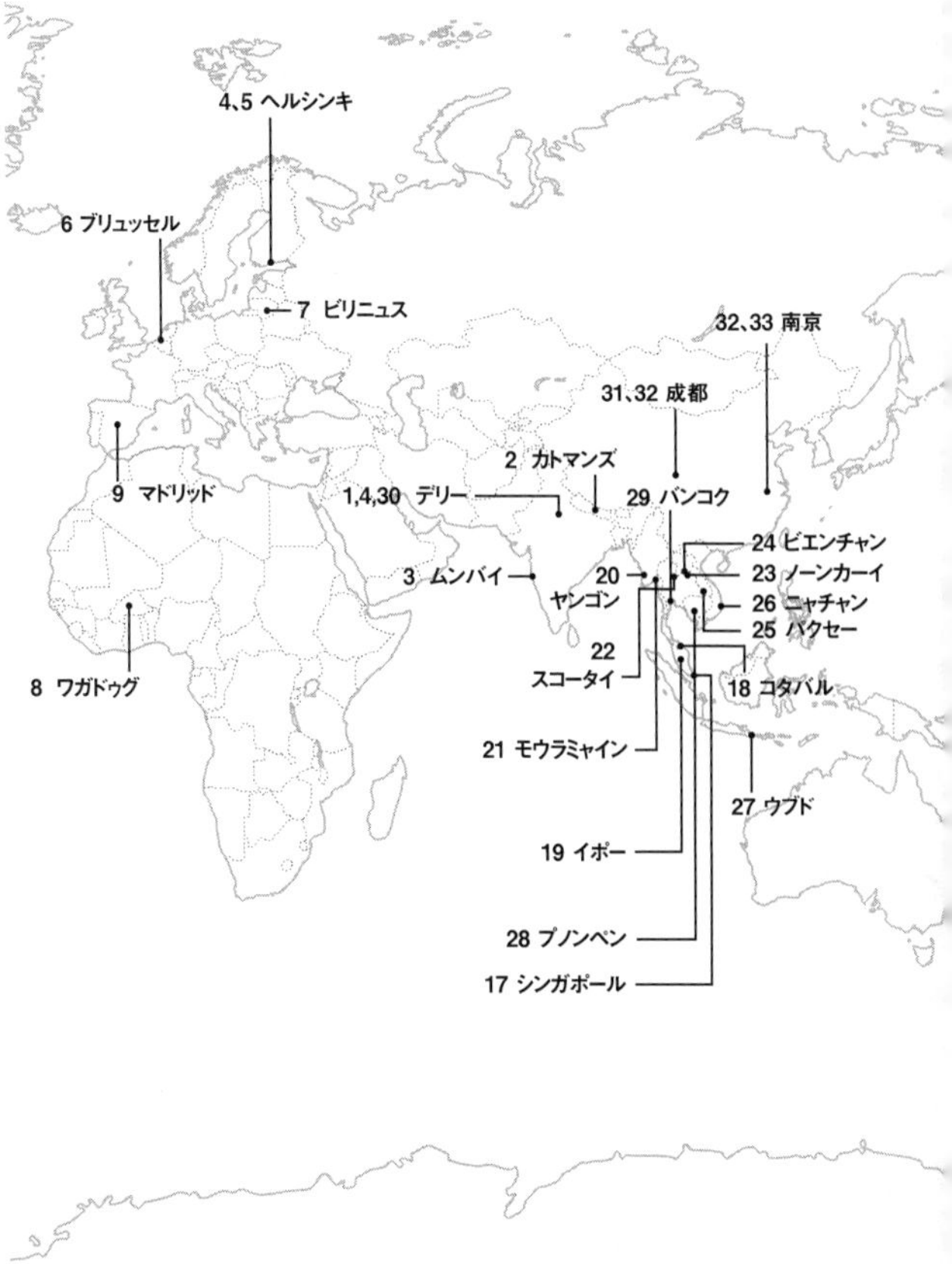
4、5 ヘルシンキ
6 ブリュッセル
7 ビリニュス
32、33 南京
31、32 成都
2 カトマンズ
9 マドリッド
1,4,30 デリー
29 バンコク
24 ビエンチャン
3 ムンバイ
20
ヤンゴン
23 ノーンカーイ
26 ニャチャン
25 パクセー
22
スコータイ
18 コタバル
8 ワガドゥグ
21 モウラミャイン
27 ウブド
19 イポー
28 プノンペン
17 シンガポール

本文中の為替の換算レートは、旅行中の２００８年のものを適用しています。

# 1「インドのマクドナルド」デリー（インド）

怪しげなタクシーの勧誘男、魔女のような物乞いの老婦人、あつかましそうな靴磨きの少年……出会った人を集めたら、ハリー・ポッターのようなファンタジー小説ができそうなキャラクターの濃い連中に声をかけられる。声をかけたくなる気持ちもわからなくはない。先程から、デリーの中心街コンノートプレイスの同じ通りを何往復もしているのだから。声をかけられるのを待っていると思われても仕方がない。それだけ歩いても、ひとり飯の場所は相変わらず決まらなかった。

現地に行ったら現地の物を食べるべき、つまりインドに来たらカレーを食べるべきといった「べき論」が頭の中を支配していたのは二日目まで。デリーも三日目に入ると既にカレー以外の物が食べたくなっていた。だからと言って、特に食べたいと思う物もない。ただ単にカレー以外の物を食べたいという気持ちだけ。その上、僕のひとり飯の店選びで弊害となる場所見知りが現れ、なかなか店を決めることができないのである。

「チャイニーズ」と書かれた中華料理が食べられそうな店はあるが、ガラスに装飾がほどこされ、店内の様子がよく見えない。チャイニーズと書かれているだけで、中華料理屋ではない可能性だってある。実は華人の女性が出てくるナイトクラブで、ビール一杯で法外な値段をふっかけられるといった妄想が浮かび、なかなか入る気にならない。入口の外にスタンドが設置され、その上に写真入りのメニューが置いてある日本でも見たことがあるようなファミリーレストランは洋食が食べられそうだ。こちらの店は何となく店内は見えるが客が全く入っていない。コンノートプレイスにこれだけ人が溢《あふ》れている中で、これだけ客が少ないのは、それはそれで不安になり、これまた入る気にならない。

怪しい笑みを浮かべた若者が、ずっとついてきていた。「マーケット」「グッドプライス」などとささやくように単語をつぶやき続けている。どうやら市場に連れていくと言っているらしい。しかし、そのささやきは明らかに悪い夢を見せてあげますよとでも言っているように聞こえる。彼のようなインド人のおかげで、優柔不断な僕でも

NOと言うことに抵抗を感じなくなった。しかし、彼らはNOと言ったくらいではめげることもなくついてくる。そうなったら無視をする。これでたいていは難を逃れられる。しかし、彼はそれでもついてきていた。

あまりにしつこいので見慣れたファストフード店「マクドナルド」に駆け込み寺のように入った。入口にはガードマンが立っている。頼りがいのあるガードマンとは言えないが、彼が一人いるだけで壁にはなる。ついてきた男性もそれ以上は入ってこなかった。マクドナルドは場所見知りとは関係なく、一人で抵抗なく入れてしまうから不思議である。これが世界的に知られるファストフード店ゆえの安心感なのか、それともある程度、混《こ》んでいるファストフード店であればどこでも抵抗なく入れるのか、それはわからない。

マクドナルドの店内は若いインド人たちで賑わっていた。もちろんカウンターの前も混んでいる。その光景を見るとスーパーのレジや地下鉄のチケット売り場が頭を過《よぎ》った。並んでいるつもりでも後から来たインド人に横入りされることが何度もあったのだ。並ばないことは悪《あ》しきことだと子供の頃から叩きこまれた僕は、その度に不快な気持ちになる。しかし、どうやら横入りする彼らに悪気があるわけではなく、僕にとって神田明神の初詣《はつもうで》でもみくちゃにされながらお守りを買い、節分の餅まきの際、飛んでくる餅を奪い取る時の状態が彼らにとっての日常生活なのかもしれないと思い始めた。

覚悟を決めてカウンターに近づいていくと、マクドナルドのカウンターの前には列ができていた。つまり並んだ順に買い物をしていたのである。一見、日本では当たり前の光景にこれほど新鮮な気持ちになることはない。男女のカップル客が並び、その後ろに男性同士が並んでいた。

男性同士は手をつないでいた。これは街中でもよく見かける。最初の頃、ゲイカップルだとばかり思い、インドはゲイカップルが多いんだなぁと思っていたが、インターネットの情報によれば、仲がよくなれば男性同士で手をつなぐことは、この国ではごく普通のことらしい。韓国で仲のいい女性同士が手をつなぐのと同じように。

レジに立つ男性店員の後方に貼られたメニューボードを眺める。マクドナルドが誇る100%牛肉のハンバーグを挟んだハンバーガーの写真はない。つまりメニューにハンバーガーがないのである。そこでインドの国教はヒンズー教だったことを改めて認識する。ヒンズー社会では牛は神聖なものとされ、牛肉を食するなどということはあり得ないのだ。よってこの国では、牛が幹線道路を横切るまで車が動かないなどというのは日常茶飯事である。何かのパフォーマンスなのかと思ってしまうように有名外国ブランドの店舗の前に大きな牛がど～んと座っていることだってある。

メニューの中で馴染《なじ》みがあるのは白身魚のフライを挟んだフィレオフィッシュとフライドポテトくらい。そして、日本とは少し雰囲気の違うチキンサンド、ピザ生地にカレーをのせたパイなどがある。並んでいる人たちが買っている様子を眺めていると同じ物を買う客が多い。客席で同じ包み紙の物を食べる人を見て、メニューボードの写真と重ね合わせる。どうやらベジバーガーと呼ばれる物でバンズパンにコロッケのような揚げ物が挟んである。よって僕もそのベジバーガーなるものとコーラ、そしてポテトのセットをいただく。ベジバーガー単品であれば30ルピー（約90円）。現在、日本でもマクドナルドのハンバーガーは１００円程度で購入できることを考えるとビックリするほど安いわけでもない。逆にホテル前の屋台で売られていたサンドイッチのようなパンが10ルピーだったと考えるとものすごく高い。改めて客席を見渡してみると確かに裕福そうな客が多い。インド人にとってマクドナルドは少し高めのレストランにあたるのだろう。

トレーを持って空いている席を探していると大きな荷物を脇に置いた若い男性二人組が目に留まった。日中30度を超えるデリーの気候に不似合いなニット帽をかぶり、もう一人はデップでガチガチに固められたツンツンヘア。テーブルの上には『地球の歩き方　インド』と書かれた新品同様のガイドブックが置かれていた。日本から到着したばかりなのだろうか。そう考えると不似合いなニット帽も新品のガイドブックもつじつまがあう。隣に置かれたリュックも新品に見えてくる。最初から屋台のカレーはきついので、まずはマクドナルドで現地の水と油に身体を慣らし、今夜、宿泊する宿を決めようということなのかもしれない。人見知りの僕は彼らに声をかけることはできず、彼らに対する勝手な妄想が広がるだけだった。そして、彼らもベジバーガーをほおばっていた。

ちょうど窓際の席が空いた。プラスチック製の椅子に座り、包み紙をはがし、ベジバーガーにかぶりつく。決してカラッとあがったコロッケではなく、どこかへナッとして腰のないじゃがいものコロッケは、高校時代、学校の売店で売っていたコロッケパンを想像させる懐かしい味だった。とはいえ、結局のところカレー味。どこまで行っても、カレーから逃れられない。

## 2「ネパール版餃子の落とし穴」カトマンズ（ネパール）

万年電気不足のネパールは、一日八時間以上、停電になるらしい。自家発電の装置を持っている飲食店もあるが、たいていの店はその停電を受け入れ、暗い中で営業するしかない。夜であればろうそくで営業している店もある。店内が暗くなれば暗くなるほど中の様子は見えにくくなり、入りづらい度合は大きくなる。
「モモ」というペットの名前のようなネパール料理を食べることのできる、いや僕が入ることのできそうな店を選ぶために、カトマンズの街をぶらぶら歩いていた。日本で言うところの餃子《ギョーザ》のような料理。ネパールの人たちは基本的に朝と夜にしっかり食事を取り、昼間は簡単な軽食で済ませることが多く、その軽食としてモモをよく食べるらしい。

確かにカトマンズの街を歩くと「ＭＯＭＯ」とアルファベットで書かれた店をいく

つか見かける。しかし、僕が見つけるMOMOと書かれた店は、どこも間口が狭い店だった。間口が狭いということはそれだけ外光も入らないので電気が灯《とも》っていない店は中がほとんど見えない。舗装されていない道沿いに建つ店では埃除《ほこりよ》けのためか入口にカーテンもかかっている。こうなると入ろうという気には、まずならない。

仕方なく観光客が集うタメル地区まで戻り、電気がふんだんに灯された観光客向けの店に入ろうと思った時である。間口は広いが、地元向けの雰囲気が漂う店を見つけた。太陽は差し込んでいないが、かろうじて蛍光灯も灯っている。店内はぼんやり明るく、中に人がいる様子もうっすら見える。電気が灯っているだけで安心してしまう。きっと電気をつけて営業している店を日本では当たり前に思っているせいだろう。

入口付近のテーブルには民族衣装のような長い丈の上着を着た四名のネパール人女性グループがモモを食べていた。その光景に誘われるように、恐る恐る中に入ってみる。店内の明かりは灯るには灯っているが、青白い蛍光灯なので寂れた観光地の食堂のような雰囲気だった。

モモを食べる彼女たちの奥のテーブルにインド人らしき男性が一人で座っている。ひとり飯の同士と一方的な仲間意識を持ち、吸いつけられるように彼の隣のテーブル席に座る。

失敗だった。奥の席は蛍光灯の光量が届かないため、更に雰囲気が暗い。しかも寒い。カトマンズは標高1300メートルにある街で、日本で言うと八ヶ岳や菅平などにある高原の街にいるようなものなのだ。太陽を浴びながら歩くと軽く汗ばむので、ついつい寒さを忘れてしまうが、こうして、いざ、店内の奥の席にまで入り込むとヒンヤリとした空気が首のあたりを舐《な》めるようにあがってくる。光量が少しでも入る入口近くのテーブルに移動しようかとも思ったが、一度、座った席を立ちあがって移動すると周囲の客の視線が僕に注がれる可能性がある。食事する場所で注目されてしまうほど食べにくいことはない。よって、できるだけ目立たないようにしていたい。移動して注目を浴びてしまうくらいなら、多少、寒くても我慢する方を選ぶ。

机の上に置かれたメニューに英語も書かれているところを見ると観光客もそれなりに来るのだろうか。カトマンズの観光地の一つダルバール広場からもそんなに遠くはないので、決して不思議なことではない。

ジーンズ姿の若いネパール人の男性店員が注文をとりに来た。メニューに書かれたMOMOの文字を指した後、確認の意味も込めて女性グループの食べている物を指した。

「ビーフ？　オア　ベジタブル？」

そう尋ねられ、「ビーフ」と答える。恐らく牛肉ではなく、水牛のことだろう。ネパール人は水牛をよく食べるとどこかで読んだ。ネパールもお隣インドと同じようにヒンズー教徒が多い国である。牛は神様のように扱われるのだが、その牛に水という文字がつくだけで食べられてしまうのだから不思議な文化である。

女性グループの一人が机の上に置いてある水の入ったポットを持ち上げ、口の近くまで持っていき、注ぎ口から直接、口の中に水を流し込み始めた。大道芸でも見ているかのように一滴もこぼさず滝のように口の中に水が吸い込まれていく。呆気《あっけ》に取られて見ていると隣の男性も同じように机の上のポットを手に取り、そのまま自分の口へ注ぎ込んだ。やはり滝のようだった。水のポットはそれぞれのテーブルに置かれているが、コップは置かれていない。どうやらコップに注いで飲むのではなく、ポットからそのまま飲むのが、この店のスタイルのようだ。

それでは僕も……といきたいところだが、さすがに現地の水を飲む勇気はない。僕はお腹《なか》が弱いのである。女性グループは小声で談笑しながらモモを食べ続け、隣の男性のテーブルにネパール版焼きそばとも言えるチョウメンが運ばれてきた。店員がチョウメンを置いて、厨房に戻る際に呼びとめてコーラを追加で頼んだ。

　表面が傷だらけの瓶がテーブルの上に置かれた。コップは添えられていない。そのまま飲まなくてはならないのだろう。しかし、栓を抜いたところが汚れているように感じられ、手で何となく拭ってはみる。それでも瓶に口をつけることに抵抗がある。そこで彼らがポットの水を飲むのと同じように、コーラの瓶に口をつけないように飲もうとした。しかし、この飲み方に慣れていない僕は、案の定、全てのコーラが口の中に注ぎ込まれず、口の脇から顎《あご》にかけてコーラが垂れ、そのままチノパンの上に滴り落ち、水玉模様のように飛び散った。洗濯のことを考えると憂鬱《ゆううつ》になり、瓶の口の汚れくらいで抵抗感を持ったことに対し、自己嫌悪に陥った。

　コーラと格闘している間に、大皿に十二個載ったモモが机の上に置かれた。見た目は日本で食べる餃子と変わらない。一緒に添えられたフォークで、モモを一つ突き刺した。辛そうな赤色のタレが入った小皿が真ん中に添えられていたのだが、まずはタレをつけないでそのまま口に放り込む。

　嚙みしめた時に口の中に広がる肉汁はラムのようなクセのある味だった。僕は人見知り、場所見知りは激しいが、味見知りはなく、好き嫌いが全くない。どちらかと言えば味に鈍感なので、これが水牛の味なのだと納得しながら飲みこんだ。残りの十一個はクミンと唐辛子が強烈なタレをつけ、あっという間に平らげた。

実はクセではなく腐っていたのではと疑念を持ったのはその日の夜だった。僕はお腹を下し始め、トイレとベッドの往復を余儀なくされる生活が始まったのである。トイレの便座に座りながら、モモの肉汁の味を思い出した。そしてモモに使う食材の入った冷蔵庫を想像した。停電時間が長いため、冷蔵庫の食材も常温になる頻度が多くなり、自然に食材は腐りやすくなる。蛍光灯を一つか二つ灯すくらいはできても業務用冷蔵庫の容量までまかなえる自家発電装置ではなかったのだろう。ひょっとすると実は自家発電も持っておらず、僕が訪れた時間がたまたま停電の時間帯ではなかっただけなのかもしれない。

## 3「不健康な香りのするインドのバー」ムンバイ（インド）

ムンバイの街を歩いているとビールを一気に飲み干すCMが頭を過る。これで、もう少し気温が上昇すると水分に対する欲求の方が大きくなり、ビールではなくミネラルウォーターのCMが頭を過るのだろうか。

ビールが飲めそうな店はなかなか見つからなかった。オープンカフェのような開放的な場所でビールを飲んだらさぞかし美味《おい》しそうなのだが、インドでは難しい。

イスラム教は飲酒禁止であることは何となく知っていたが、ヒンズー教も飲酒を好まないことはこの国に来てから初めて知った。あくまで禁止ではなく好まない。飲む人はひっそり飲んでくださいねといった雰囲気なのだ。酒屋だってある。ただ、スーパーのような場所でビールが売られていることはないし、公の目に触れるオープンカフェのような場所で飲むこともない。チャイを飲むことのできるカフェや屋台、地元客が集うカレー屋に置いてあることもない。もちろん、観光客向けホテルのバーや中華料理店、スポーツバーに行けば確実にビールはあるだろうが、足がなかなか向かない。地元のインド人が飲んでいるところで飲んでみたいとどこかで思っているのだろう。場所見知りが激しいのに、そういった欲求だけは湧いてくるから厄介である。

喉だけではなく、口の中まで乾き始めた頃、木陰に鏡台と椅子だけを置いた露店の床屋の隣でひっそり営業している店に目が留まった。間口の狭いドアは開けっぱなしだが中は真っ暗に近い。そもそも店なのかどうかもわからない。店内は、ところどころでフラッシュのような光が放たれている。クラブなのかとも思ったが、スピーカーから爆音が聞こえてくる雰囲気でもない。

その暗い室内からインド人の若い男性が現れた。建物から外に出るわけではなく、入口の柱に手をかけ、暇を持て余すかのように通りの様子を確認しているだけである。黒いパンツに白シャツ、その上から黒いベストを着ているところを見るとバーテンダーに見えないこともない。店内の暗さと彼の服装から、バーなのだろうと推測した。となるとビールが飲める可能性は高そうだ。しかし、場所見知りの僕が入る店としてはかなりハードルが高い。

何気なく店内の様子を探っていたつもりだったのだが、彼と目が合ってしまった。何気なく見ることが僕は下手だったのである。一応、足は止めないようにゆっくり歩いているつもりだが、顔はいかにも興味ありげに店内を見ていたのだろう。彼はふさいでいた入口のスペースをさっと開けて、招き入れる仕草をした。その表情は今まで見てきたインド人の笑顔とは違った。ヨガの達人のような微笑《ほほえ》みなのである。インド人の屈託のない笑顔に僕は何度も痛い目にあってきた。屈託のない笑顔を持つタクシーの運転手にぼったくられ、屈託のない笑顔を持つおじさんに道を聞いて更に迷い、屈託のない笑顔を持つ若者に嚙みタバコを勧められて吐いた。インド人の屈託のない笑顔には、こりごりだった。

しかし、インド人の穏やかな微笑みに対する免疫は僕にはなかった。誘われるまま店の中にふらふらと入ってしまったのである。

入ってすぐ左側に小太りの小さな中年男が銭湯の番台のようにスペースを作って座っていた。どうやら彼が店主のようだ。僕の姿を興味なさげにチラッと見たが、すぐにカウンターの上に置かれた小さなテレビに目を戻した。僕がフラッシュのように感じた光は、このテレビの明かりだった。このテレビと照らすことにはあまり役に立ちそうにない飾りのような豆電球、それと入口から入ってくる外の明かりだけで、店内の明るさをまかなっていた。当然、店内は暗く、外の照りつける太陽とは対照的に、いかにも不健康な香りのする店だ。

彼の他に二名の若い店員が暇そうに立っている。彼と同じ黒のパンツに白いシャツと黒のベストを着て、「我々はちゃんとしたお店ですよ」と言わんばかりの格好なのだが、どこか緊張感がない。徐々に目が慣れてきたのか暗い店内の様子がぼんやりと見え始める。フロアには小さなテーブルが十くらいはあるだろうか。そのうち二つのテーブルの上には小さいボトルのウィスキー、水、氷の三点セットが置かれ、インド人の男性客がそれぞれ一人で静かに酒を楽しんでいた。

いつもであれば一方通行の仲間意識で吸いつけられるように一人客の隣のテーブルに座ることが多いが、一人の時間を楽しんでいる人の隣はさすがに抵抗を感じ、少し離れた席に座った。

外に出てきていた店のスタッフが注文をとりにきた。彼は相変わらず微笑んでいた。明るいところでは優しい微笑みに見えたのだが、暗い中で見ると怪しい微笑みに見える。

「キングフィッシャー」

ビールの銘柄を告げる。すぐに奥の部屋からビールとグラスを盆に載せて運んできた。グラスを置いた後、彼はワインの銘柄を見せるようにビールの銘柄を見せた。いつも飲んでいるキングフィッシャービールの白いラベルではなく、アルコール度の少し高い「ストロング」と書かれた赤いラベルである。キングフィッシャーはインドで最も飲まれているビールで、いくつか種類はあるのだが、どのキングフィッシャーも、すっきりした味わいである。

銘柄の上からビール瓶を触って冷え具合を確かめる。デリー在住の知人から教えてもらったインドでビールを注文した時の作法だった。キンキンに冷えていた。

「オーケー！」

とうなずくと、その場で栓を抜き、グラスにビールを注いでくれる。別のスタッフが灰皿のような陶器の入れ物にバターピーナッツを入れて持ってきた。三人のスタッフは鼻の下に同じような短い髭をたくわえている。髭だけではない。七三分けのような髪型も一緒だった。その全てが店の決まりごとのように思えた。

グラスのビールを一気に飲み干し、自分で二杯目を注ぎ、半分くらい飲むと喉の渇きも癒され、ほっと息をついた。

テレビからはインド映画が流れている。客もスタッフも観る場所がそこしかないかのようにテレビの小さな画面を眺めていた。ヒンディー語なのかタミル語なのかわからないが、男性俳優の低い声が店内に静かに響いている。しかし僕には見えない。僕の目線の先に店のスタッフが立っているからだ。自分の立つ位置が客の邪魔になっていることに気がついていない。だからと言って彼らを動かしてまで映画が観たいわけでもない。音を聞いているだけでも充分、インドのバーで飲んでいるんだなぁという実感が湧いてくるから、これでいいのだ。

インド映画にありがちな歌と踊りのシーンに移ったようだ。インド人女性独特の甲高い歌声を聞きながら、二杯目のビールを飲み干す。スタッフの後ろ姿を眺めながら、インド人の髪型について考える。長髪のインド人は少なく、坊主頭のインド人は子供かガンディーのような風貌の人以外、見かけない。脂分の多そうな髪質のせいか同じような髪型に見える人が多い。そして、たいてい襟足がテープカットでもされたかのように、まっすぐに切り落とされている。あっ、ひょっとして……その時、自分の後ろ髪のうなじの部分を触った。

午前中、ムンバイの美容室で髪の毛を切ったばかりだった。黒いピチピチのTシャツを着たインド人男性の美容師がクネクネと身体を動かしながら、リズミカルに切ってくれ、コミカルな角刈りができあがった。日本のように後ろ髪を手鏡で前の鏡に映してチェックをさせるということもなく、さっさと会計を済ませて終わりだった。その時の僕は襟足がどうなっているかなど気にもしていなかった。僕の襟足も彼らと同じだったのである。笑いに近いため息を吐いた。

器に残っていたバターピーナッツをまとめて口に放り込み、残ったビールを飲み干すと席を立った。入口に座っている店主らしき男性はテレビに目を向けたまま、「ナインティ」と言った。90ルピー（約270円）。酒屋で購入すれば30ルピー程度だと考えれば、バーの値段としては決して高くはない。100ルピー紙幣を出し、店主が引き出しから釣り銭を出そうとする際、店主の襟足が目に留まった。彼のもやはり、まっすぐだった。

## 4「ベジタリアンの機内食」(デリー→ヘルシンキ)

機内には僕以外の日本人は見当たらなかった。深夜にインドからフィンランドへ飛ぶような物好きな日本人はなかなかいないのかもしれない。僕だって、できることなら、もう少し徐々に北上したかった。しかし、僕が購入した航空券は世界一周チケットと呼ばれ、値段はお得だが、同じグループの航空会社でなくては乗ることができないため便は限られ、基本的に同じ大陸内の移動は東西いずれか一方向しか進めないなど細々とした制約があるので、それに合わせてスケジュールを組んでいるうちに40度近いインドから氷点下のフィンランドに飛ぶという行程になってしまったのである。

席は通路側。隣には初老の白人の夫婦が座っていた。フィンランドに向かうことを考えると恐らくフィン人なのだろう。少なくとも欧米人であることには違いない。機内は欧米人とインド人で満席だった。

毛布を膝《ひざ》にかけると、すぐに睡魔が襲ってきた。早寝早起きの習慣が身についている僕にとって深夜二時出発の便は体力的にきついようだ。しかし、お腹も空いていた。空港内で食事する予定だったが、トラブルが重なり、食べ損ねていたのだ。空港に入ることができるのは出発の二時間前からだと入口の軍人に追い返され、空港近くの簡易待合室でコーラ一本で三時間以上、待った。ようやく空港に入ると今度はチケットカウンターで予約が入っていないと言われ、次にパスポートの顔が違うと上司まで出てくる始末で航空チケットを発券するまで時間がかかり、長蛇のイミグレーションではフィンランドにはビザがいるとイチャモンをつけられ（EU諸国なので九十日まではビザがいらない）、ボディランゲージを加えた片言の英語で闘い、ようやくスタンプを押してもらった。疲れ果てて搭乗口に向かうと、既にボーディングタイムが始まる直前で、結局、食事をしないまま機内に乗り込んだ。

深夜出発の便では通常の機内食は期待できそうにないが、軽食くらいは出るだろう。問題は、その時間まで僕が寝ないで待っていられるかどうかである。眠ってしまうと、客室乗務員にもよるが、たいていの場合は席に軽食を置いていってもらえない。慣れている人であれば、目が覚めた後、客室乗務員の休憩しているところまで軽食をもらいにいくだろう。しかし、僕にとっては、この行為はかなりの勇気を要する。客室乗務員が固まって休んでいる女子更衣室に近い雰囲気の場所へ乗り込んでいくのは、見知らぬ常連客が溜まっているスナックに入るのと同じくらい緊張する。こんな余計な心配をするくらいだったら、軽食が出るまで、睡魔と闘った方がいい。

しかし、僕の唯一の特技は、どこでもすぐ眠りについてしまうことだった。今は特技ではなく弱点である。どんな欲望よりも睡魔が勝つ。飛行機の場合、たいてい滑走路をゆっくり走っている間に、まどろみ始め、離陸する頃には眠っていることが多い。そして、やはり離陸前に僕の瞼《まぶた》は閉じてしまった。

何とはなしにわさわさと空気がうごめく感覚に、はっと目が覚めた。隣の夫婦が赤ワインを飲んでいた。既に飲み物サービスをするワゴン車が通り過ぎてしまったようだ。通路に顔を出し、後ろを振り返ると三席程後ろあたりに体格のいいフィンランド航空の客室乗務員のおばさまの大きなお尻が見えた。呼び戻す程の積極性は僕にはなかった。

前からは、やはり体格のいい別の客室乗務員のおばさまが、サンドイッチを配っていた。軽食だけでももらおうと、前の座席の後ろの留め具をはずし、テーブルを用意した。しかし、これだけハッと目が覚めたにもかかわらず、すぐにまたまどろんでしまう。

ラップに巻かれたコッペパンタイプのサンドイッチが僕のテーブルの上に置かれ、また、ハッと目が覚めた。その際、隣の夫婦は彼女に赤ワインを二本追加で頼んだ。僕も頭では便乗しようとしたのだが、まどろみで追いつかず、その一瞬のタイミングを逃し、頼み損ねてしまった。

実は眠っているうちに既に空腹感の波は過ぎ去り、今となってはお腹など空いていなかった。しかし、どこかでお腹が空いているはずだという意識だけは残っており、ぼんやりした頭のまま、サンドイッチをラップからはがし、口にする。フィンランドに向かう便らしくサーモンが挟まれ、その上にしなびたきゅうりと赤と黄のパプリカが載った、カラフルなサンドイッチだった。冷蔵庫に入っていたのだろう。かなり冷えたサンドイッチだった。しかし、水気が多いせいか、パサパサ感がなく、飲み物がなくとも苦もなく食べられる。ただでさえ乾燥している機内なので、あえて水気を多くしているのかもしれない。

サンドイッチを食べ終わる頃、隣の夫婦の赤ワインが運ばれてきた。その際、かろうじて手を挙げ、「ビア、プリーズ」と言って、何とかビールにありついた。サンドイッチを食べ終え、ビールを一気に飲み終えるとそのまま意識がなくなるように再び眠りについていた。

それから何時間眠っただろうか。腕を突《つつ》かれて目を覚ました。隣では夫婦が揃ってトイレに行きたくてしょうがないという表情で立ちあがろうとしていた。網状のマガジンラックにはワインの空き瓶が三本も入っていた。あの後、更に一本追加注文していたのだろう。これだけワインを飲んでいたらトイレに行きたいのも無理はない。

彼らがトイレから戻ってくると、ちょうど機内の照明が灯された。ワゴンが隣を通り過ぎていき、到着前の朝食が前の座席から配られ始めた。

サンドイッチを配っていたと思われる客室乗務員のおばさまが後ろから現れ、僕の顔をのぞきこむように見ながら、

「…, you …vegetarian」

と人差し指を立てて早口で言って微笑んだ。最初の方は聞き取れなかったが、最後の方で聞き取れた単語を頭の中で繋ぎ合わせる。

「あなたはベジタリアン」

そう言ったことを理解したときには、彼女は既に行ってしまった。

そして僕のテーブルには他の人よりも早くマサラの匂いが漂う機内食が置かれた。もちろん僕はベジタリアンではないし、そんな指定をした覚えもない。

どうやら僕は他のベジタリアンのインド人と間違えられたようだ。確かに欧米人とインド人だけの機内から考えれば、僕はどちらかと言えば、インド人寄りである。いや、インド人と思われても仕方がない顔をしている。小学校の時、他界した父は、インド人のプロレスラー「タイガー・ジェット・シン」に似ていたし、友人にインド人のクォーターだと嘘をついて（なぜ、そんな嘘をついたのか未だにわからないけど）、信じさせてしまったこともある。

そのうち、間違いに気づいて取り替えにくるだろう。もし、替えそうになければ、前からやって来る通常メニューの入ったワゴン車をひく客室乗務員に言えばいい。

「I'm not vegetarian.」

そう言って料理を指せば、通じるだろう。

しかし、その後で「いや、待てよ」と思った。ベジタリアンの機内食を食べる機会もそうそうないのではなかろうか。これはある意味、チャンスである。よし、食べてしまおう。機内食に蓋《ふた》がわりにかぶせられたアルミホイルをおもむろに、はがした。インドで見慣れたカレーだった。

アルミホイルをはがした後で、今度は、はたしてベジタリアンの食事は足りているのだろうかと心配になった。どうしていつも行動する前に考えられないのだろう。ひょっとして後から、あの客室乗務員が間違えたと取りにくるのではなかろうか。落ち着かなくなっていた。しかし、既に僕はアルミホイルをはがしてしまっている。これをまた他人に渡すわけにはいかないだろう。こうなったら食べるしかない。食べてしまえ。

まだ朝食が来ていない隣の老夫婦の視線を感じながら、添えられたチャパティにカレーをつけて口に含む。この飛行機に乗る時はあれだけ空腹だったはずなのだが、一口、食べただけでもういらなくなってしまった。カレーに飽き飽きしていたことを再認識した。

その時、隣のテーブルには通常の朝食が運ばれてきた。卵料理。美味しそうだ。後悔した。もちろん僕の食事は取り替えられることもなく、ワゴンは過ぎ去って行く。

僕は再び、ベジタリアンの機内食と向き合った。今度はパンと一緒にカレーを食べてみる。一緒だった。今や、カレーの匂いがするだけで食べる気がなくなってしまうのだ。ヨーグルトを一気に食べ、マンゴネクターを一気に飲むと、全て残してまたアルミホイルの蓋をした。あれだけ眠ったのにもかかわらず、ぐったり疲れていた。飛行機はヘルシンキ空港に向けて、徐々に降下を始めていた。

## 5「テントカフェの揚げパン朝食」ヘルシンキ(フィンランド)

雪で覆われた港に、忘れ去られたようなオレンジのテントが一つだけ建っていた。テントの屋根から飛び出した鉄の棒の上に「+18℃」と書かれた小さなプレートと小さなやかんが載っている。それだけで暖かい場所で温かい飲み物が飲める風景を想像させてくれた。しかし、同時に常連客のフィンランド人の中に一見《いちげん》客の日本人が入った時の居心地の悪さも想像してしまい、なかなかテントに入ることはできない。

テントの周囲ではブルドーザーのような除雪車がスケールの大きい彫刻でも作りあげていくかのように一カ所に雪を積み上げ、別の場所では同じタイプの除雪車が、かき集めた雪を鉛色の海の中に落としていた。

早朝ということもあるだろうが、周囲に観光客らしき人は見当たらない。本来、この港は、テントが建ち並び、ヘルシンキの観光地としても知られる市場になるのだが、この雪では他のテントは建たないかもしれない。そんな中に一軒だけ建っているテントまでコーヒーを飲みに来るというのは、どんな人たちなのだろう。アキ・カウリスマキのフィンランド映画に登場する表情の動きが少ない男たちの顔が浮かぶ。更に足は重くなった。

臆病な犬のように、テントから離れた場所をうろうろしている間に、マイナス気温に包まれたヘルシンキの街は身体をどんどん冷やしていく。寒さが苦手だったことを改めて感じる。世界一周航空チケットの持つ様々な条件をくぐりぬけ、この国を選ぶことになってしまったが、フィンランド＝北欧のセンス＝おしゃれという式が浮かび、悪くないとも思っていた。そこに、フィンランド＝寒い＝苦手という式は出てこなかったのである。

「おしゃれ」とは言い難いテントには外光を取り入れるためなのかビニール製の窓がついている。しかし、分厚いビニールの扉は中の様子が見える程の透明度はなく、波立つプールの水面を見ているようだ。何となく人影があることくらいしかわからない。テントの入口の側面へと回ってみるのだが、飲み終わった人が出てくる気配もない。

そこまでして、このテントのカフェでコーヒーを飲まなくても、ホテルに戻れば、ブッフェ式の朝食でセルフサービスのコーヒーを誰に気兼ねすることもなく飲むことができるではないか。いやいや、ただでさえ目的もない旅なのだから、これくらいの挑戦をしなくてどうするんだ。逃げと攻めの二通りの感情が現れる。

テントの方に向かって歩いてくるダウンジャケット姿の中年男性が見えた。周囲に目的地になりそうな物は他にないので、このテントに向かっていることに間違いなさそうだ。彼がテントに入っていく時に一緒に入っていくのはどうだ。かといって、おもむろに彼の後について一緒に入ろうとしていることは気づかれたくない。ポケットから小さなデジタルカメラを取り出した。テントの写真を撮るふりをした後に、たまたま僕も入ろうと思っていたけれど、あなたが先に入っただけなんだよという感じで入ろうと思ったのである。素直に一緒に入っていただけませんかという雰囲気でついていけばいいのだが、それができない何とも姑息な中年男なのだ。僕はまるで構図にこだわっているかのようにシャッターを押し続けた。横目で彼が進んでくるタイミングを見計らいながら。

彼がテントの入口に取りつけられた防寒用の分厚いビニールの扉をはがすようにめくって入っていく。遅れないように僕も急いで、カメラをポケットにしまいながら、それに続いた。

中に入った途端、スキー場のロッジに入った時に立ち込めるような温かく湿った空気に包まれ、鼻腔の奥で何かが溶けていくような気がした。コの字形に組まれたカウンターと小さな丸い机が三つ並べられ、テントの隅にはダルマのようなガスボンベとともにガスストーブが設置されていた。透明のビニールの窓から外光は入ってくるものの空は雪がやんだばかりの鉛色なので光量は少なく、店内は、どこか薄暗い。

妄想は杞憂に過ぎなかった。僕が入ったことで店内の空気が変わることなどなく、誰一人、僕の方を見る者さえいなかった。一点を見つめながら、コーヒーカップをゆっくり口へ運ぶ髭面の男性とアイスホッケーの写真が掲載された新聞を広げながらコーヒーをするコート姿の紳士が、それぞれの朝の時間を静かに過ごしていた。どちらの男性もアキ・カウリスマキの映画に登場していても違和感はないが、少なくとも排他的な雰囲気はない。

僕の前に入った男性は、カウンターの中に立つジャージ姿の細身の中年の男性店員とフィンランド語らしき挨拶を一言だけ交わした。お互いの会話はそれだけだったが、親しげなアイコンタクトに彼が、いつもミルク入りコーヒーを頼む常連客であることが何となく想像できた。コーヒーを受け取った彼は外気に浸かっていた身体の記憶が抜けきらないのか、肩をすぼめたままカウンターの席に座り、手早く砂糖を加えると、なおも肩をすぼめたままコーヒーをすすった。

先程、僕の鼻腔の中で何かが溶けたように感じたのは鼻水だった。鼻の下に垂れてきている感触はあるが、ティッシュもハンカチも持ってきていなかった。人に見られないようにと自然にうつむき加減になる。鼻たれ中年男は、フィンランド語の挨拶「フォメンタ」が照れくさくて言えず、メモ帳に書いてきたフィンランド語のコーヒー「カハヴィ」も言えなかった。

「ワン　カフィー」

上目づかいに発音の悪い英語でつぶやく。難なく通じた。店員は無表情で、うなずき、コーヒーを注ぐと脇に置かれた牛乳パックを上に持ち上げる仕草をして、ミルクを入れるかどうかを聞いた。いつもはブラックで飲むのだが、ミルクを入れた方が身体は温まりそうな気がして、「イエス」と答えた。

コーヒーと引き換えに2ユーロ（約320円）を渡しながら、頭の中ではチャイ十杯分だなぁと計算していた。インドやネパールに三週間も滞在していると、北欧の高い物価にそうそう、頭が切り替わらない。

紙コップに入ったコーヒーを受け取るとダウンジャケットの男性の隣の席に座った。紙ナプキンで鼻水を拭きとった後、湯気を感じながら、ゆっくりコーヒーカップを口に運ぶ。温かい液体が身体の中に染み込んでいく。気づいたら僕も肩をすぼめて飲んでいた。このテントに入ることができた達成感と、暖かいテントの安心感がコーヒーを美味しく感じさせる。

くたびれたベージュのダウンジャケットに同じようなベージュのキャップ帽をかぶった中年男性が入って来て、コーヒーと一緒に揚げパンを頼んだ。揚げパンはコーヒーの入ったスチール製の四角いポットの上に三つ程、直《じか》に並べられている。揚げたてというわけではなく、冷たくなった揚げパンをコーヒーの熱で温めなおして出しているだけのようだが、それがやけに美味しそうに見えた。

ちょうど店員が注文された揚げパンを取りに行く際に目が合った。咄嗟《とっさ》に僕も揚げパンを指して、1の数字を指で表した。「あのパンを一個ください」が、このボディランゲージだけで伝わる。

紙皿に載せられた温かい揚げパンの中には、こけもものジャムが入っていた。熱いコーヒーに温かい揚げパン。ホテルで食べる朝食より質素だけれど、至福という言葉が似合う。

身体がじんわりと温まった頃、テント内に入る光量が一気に多くなった。どうやら雲間から太陽が出てきたようだ。テントの色が反射して、店内は急に明るいオレンジ色に包まれる。新聞を折り畳む音、椅子から立ちあがる音が聞こえ始め、まるでテント内にエネルギーが注がれたかのように人々が動き始めた。これから彼らの一日が本格的に始まりそうだ。

## 6「知らない街の立ち飲み屋に入ってはみたけれど」ブリュッセル（ベルギー）

ブリュッセルに長く住んでいるからなのか、年配の日本人女性ガイドが妙なアクセントの日本語でグラン＝プラスの説明をしていた。どうやら世界遺産らしく、フランスの詩人・作家ヴィクトル・ユゴーが「世界一美しい広場」と絶賛したと解説している。その説明を聞く日本人ツアー客の脇を通り、広場を抜けた。相変わらず石畳の道は続いているが、観光客の数は一気に少なくなった。

ベルギーに特に興味があったわけではない。インドからフィンランドに飛んだようにたまたまブリュッセルが世界一周航空券の乗り継ぎに当てはまったので立ち寄っただけである。場所に執着していないこともあり、ホテルまでの行き方と安全面など最低限の情報以外は持たないで新しい街に降り立つことがどうしても多くなる。

十字路の角に魚のイラストが描かれた看板の立ち飲み屋を見つけ、ベルギーは海に面していたかもしれないなぁ……とあやふやなフランス近辺の地図を頭に浮かべる。こうして目に入ってきたものとほんの少しだけ持っている知識が結び付いていく。

ロール式で調節可能な屋根があるだけで、壁が一切ない立ち飲み屋は客も店員も丸見えである。キャップ帽をかぶった初老の男性一人客の横顔と、年齢はわからないが薄手の黒いコートの男性とやはり薄手の白いコートを羽織った女性のカップル客の後ろ姿が見え、カウンターの中では優しさと頑固さが入り混じっていそうな中年男たちがてきぱき動いている。

隣接している魚屋も同じ店が経営しているようで、魚屋から立ち飲み屋へ食材が運ばれてくる。貝らしきものがちらりと見え、そういえばバケツいっぱいのムール貝を食べる光景をテレビの旅番組で観た気はするが、あれも確かベルギーだったなぁと、また一つ古い記憶がひょっこり現れる。

中の様子がわからない店に比べれば、壁のない店は入りやすそうなのだが、立ち飲みという空間は僕にとってハードルが高い。食券機でチケットを購入し、カウンターに出すだけの立ち食いそば屋なら一人で気軽に入ることができるが、「食い」が「飲み」に変わるだけで途端に入れなくなってしまう。新橋や新梅田など日本の立ち飲み屋に興味はあるのだが、未だに一人で入った経験はない。

立ち飲み屋のカウンターの中で職人のオーラが漂う店主が前に立つだけで足がすくんでしまう。注文する品に迷っていると「おいおい、早くしろよ。こちらは忙しいんだよ」という空気を感じ、かといってポンポン頼むと「ちょっと待ちなよ。そんなにカウンターに載らないよ」と怒られそうである。二人以上で行けば、そういった雰囲気も受け止められるが、とても僕のような臆病者一人では受け止めきれない。それを今、海外で挑もうとしている。しかし、ヨーロッパの立ち飲み屋で夕方に一杯、ひっかけてきたと日本に帰ったら、友人たちに自慢話の一つでもしたいではないか。もちろん、もう少しこの街に馴染んでから挑んでもいいのかもしれないが、思いたったところで行っておかないと行く可能性は一気に低くなる。

コレステロール値が高そうな大柄の中年女性が魚屋で会計を済ませた後、買い物袋を下げたまま、立ち飲み屋に移って行った。家族の料理を作る前に軽く一杯飲んでいくのだろうか。主婦がふらりと入れる店というのは、それだけで入りやすい空気ができるから不思議である。行くならこのタイミングである。気持ちに勢いをつけて彼女に続いた。

しかし、カウンターの前に立った瞬間、身体が凍りついた。「ボンジュール」「メルシー」「サバー」……カウンターの店員と客との間に飛び交うフランス語を耳で感じたのである。ブリュッセルはフランス語圏だった。空港からホテルにチェックインするまで、全て英語でやりとりしていたので、てっきり英語圏だとばかり思っていた。確かにホテルのスタッフ同士はフランス語で話していたし、フランスの隣という位置関係や、日本人ガイドが口にしていたヴィクトル・ユゴーはフランス人など、ブリュッセルに到着して数時間しか経《た》っていないとはいえ、ヒントはそこら中に落ちていた。しかし、まさかEU本部のある場所が、フランス語圏だとは想像もしていなかった。思い込みの強さと知識不足、そこに情報収集不足が重なるとこういうこともある。

僕がフランス語でオーダーするなどということは地球がひっくり返っても無理である。しかし、既に目の前にはカウンター越しに中年男性の店員が立っていた。決して攻撃的ではなく、優しい笑みを浮かべているだけなのだが、僕の頭はパニック状態である。とにかく何か言わなければ。とりあえず魚には何だ。白ワインか。白ワインってフランス語で何て言うんだ。早くしろ。早くしろ。一瞬の間に頭から煙が出そうな程、様々な自問自答を繰り返す。

「ホワイトワイン？」

結局、英語である。しかも英語で通じるのだろうか的に語尾上げで探りながら言ってみる。

店員はにっこりと、

「オッケー！」

英語で答えてくれた。なぁんだ英語通じるんだ。と一瞬、ホッとしたのだが僕は魚の英単語を一つも知らないではないか。そもそも僕は魚の名前に疎く、サバとアジの見わけさえつかない男である。頼む上での障害が三重、四重と重なる。考えている間に、目の前に置かれたグラスに中年男性の店員は白ワインを注いでくれた。その後で何、食べる？　という表情をする。言葉はわからなくても、表情は世界共通で読み取れるのだ。

カウンター内に大きめの鉄板があり、別の店員が小ぶりのエビを焼いている。咄嗟に指差した。きっとピラニアが焼かれていても、僕はその魚を指しただろう。店員は、再びオッケーと答えるとエビを取りに隣の魚屋に向かった。とりあえず注文できたことに胸をなでおろし、白ワインに口をつける。この旅に出てから初めてのワインだった。舌の先に甘みを感じながら、自分の無謀さに笑いがこみあげてきた。街に到着した直後で、ヨーロッパの中世を感じさせる石畳の道を歩いているうちに気持ちが昂《たかぶ》っていたこともあるだろう。様々な情報や街の感覚が身体に染み込んだ四、五日後にこの立ち飲み屋の前に来ていたら、間違いなく入ることができなかっただろう。

鉄板の上では、エビが何度かひっくり返されている。時折、軽く押し付けられ、薄いピンク色の身の部分にほんのり焦げ目がついたところで、白い皿に盛られる。そして、隣の主婦らしき中年女性の目の前に置かれた。彼女も白ワインを飲んでいる。つまり、僕は彼女と全く同じメニューを頼んでいたことになる。別にマネしたわけじゃないんですと心の中でつぶやく。もちろん、そんなことを気にしているのは僕だけで、彼女は淡々とエビを口に放り込み、店員は、また同じように鉄板の上にエビを並べた。

鉄板の前に立つ二人組の中年カップルは小さな揚げ物をつまみながら赤ワインを傾け、キャップ帽の初老の男性はスープをすすりながら、カウンターの中の店員とおしゃべりを楽しんでいる。

「ボンジュール。今日のおススメ何？　サバ？　じゃあ、スシブームに合わせて刺身でもらおうかな。フランス語で使っている『サバー』って日本語では鯖の意味なんだよ。ハハハハ！」

などと冗談を交えながら、自分も会話に加われたら楽しいだろうなぁと妄想する。

「ワイン？」

再び中年男性の店員が僕に声をかけた。妄想している間にあっという間にグラスが空になっていたようだ。再び白ワインが注がれたグラスに口をつけると、塩とコショウで味付けされただけのシンプルなエビのソテーが目の前に置かれた。意外に量が多い。エビの脇にはフランスパンも二切れ添えられている。レモンを軽く搾り、口に放り込む。ぷりぷりの食感に思わず、うなずく。どうして美味しいと人はうなずくのだろう。

店先に入り込んでくる太陽を感じ、到着直後に無謀ではあったが入ってよかったという思いがじわじわと湧いてくる。太陽の高さから考えると夕食には少し早い時間に感じるが、時計は既に午後七時をまわっていた。ベルギーは緯度が高いことを体感し、頭の中のぼんやりした地図が少しずつ鮮明になっていく。この調子だと十時過ぎまでは陽が暮れないのだろう。食事を済ませたら、もう少し散歩してみよう。まずは小便小僧でも探してみるか……って、それ以外、今の僕にはブリュッセルの情報がない。

## 7「美人の多い街のじゃがいも料理」ビリニュス(リトアニア)

透き通るような白い肌の小顔美人が多い街である。ラテン系の突き抜けた強い目ではなく、どこか憂いを持つ悲しげな目が印象的だ。この国の自殺率が高いと聞いたからそう思えるのかもしれないが、その目でじっと見つめられると目を合わせられなくなる。メニューを持ってきた彼女もそんな目をしていた。すぐに目をそらし、テーブルの上に置かれたメニューの表紙を見ながら注文する。メニューなど見なくても僕は注文できるんだよと自分なりにカッコつけているつもりだった。

「ビア　アンド　トゥペニイ」

英語を交えた。約二十年前までロシアの一部だったリトアニアは、現在、英語を話す若者が急増しているそうだ。特に首都ビリニュスは、ほとんどの若者が英語を話すとも聞く。

「ビア……」

彼女は僕の注文を反復する際、ビアの後で止まった。トゥペニイが通じていないのである。見られなかった彼女の顔をちらっと見ると目の上の眉間《みけん》に皺《しわ》が寄っている。悲しげな目も困るが、眉間に皺も困る。あれ？　トゥペニイの発音が違うのか。

「トゥーペニ？　トゥペーニ？　トゥペーニー？」

発音を探るように言うが、伝えたい料理からどんどん離れていくことを自覚する。この料理の名前の由来となった飛行船を思い浮かべる。その飛行船の名前自体が出てこない。仕方なく両手でラグビーボールのような飛行船の形を作りながら、ボディランゲージで料理の形を伝えようとした。しかし、それでも彼女の眉間の皺はなくならなかった。

「あれ？　違ったっけ？　何だっけなぁ」

照れ隠しに日本語でつぶやき、目の前に置かれたメニューを急いで広げる。カッコつけていた先程の自分は既にどこかに行ってしまった。ロールキャベツのキャベツをじゃがいもにしたような見た目や独特のもっちりした食感はすぐに思い出せるのだが、トゥペニイの発音が思い出せない。茹《ゆ》でたじゃがいもと生のじゃがいもを擂《す》った物を混ぜ合わせ、その後で更に蒸すという作り方や、家庭によっては残ったら、翌日、揚げて食べるという話は思い出せても、トゥペニイの綴りは思い出せない。いや、綴りは知らない。頭文字は何だ。恐らくTから始まる単語だろう。焦った頭でメニューを見渡すのだが、Tから始まる料理など見当たらない。Cならあるのだが……とCepelinaiの文字が目に入り、料理名の発音がぼんやりと蘇《よみがえ》ってきた。そうだ。トゥではなく、ツェだ。ツェペリナイだ。この料理の形のような飛行船は「ツェッペリン」号だ。一気に記憶が湧きだし、繋がっていく。何がトゥペニイだ。カッコつけて違った発音をしていたことを思い出すと恥ずかしさがこみ上げ、改めて料理名を発音できなくなってしまった。

「ジス　ワン」

メニュー上の文字を指す。

「ツェペリナイ、オーケー」

当たり前だが彼女は正しい発音をして小さくうなずき、メニューを下げてキッチンへ伝えに行った。

丸太を使ったログハウスのような店内には、僕以外に中年男性二人組の客がビールを飲みながら談笑していた。僕も数日前は、あの二人組のように談笑しながら、飲んでいたのである。注文の際、何の苦労もなく。

この店に来るのは二度目だった。この街に住む日本人カメラマンに連れてきてもらった。彼は数年前、プライベートでリトアニアを訪れ、この国の親日的な雰囲気とこの国の可能性に魅せられ、あっという間に移住してしまった。僕が滞在していたブリュッセルから飛行機で三時間程度なので、世界一周チケットとは別にブリュッセルからビリニュスまでの往復航空券を購入して立ち寄ることにしたのである。友人は空港まで迎えに来てくれ、それから約一週間、英語が堪能な彼と一緒にいた僕はひとり飯から解放され、店選びから注文選びまで、全て彼にまかせっぱなしだった。日本語で馬鹿話をしながらビールを飲み、東京の飲食店で飲んでいた頃と場所が変わっただけの平和な時間を過ごしていた。日本語で話せることで気が緩んでしまい、リトアニアの料理の名前を全く憶えようとしていなかった。彼だって普段は仕事があり、ずっと僕と一緒に行動を共にするわけにはいかない。いずれひとり飯になることに僕は備えていなかった。そして、一週間後、そのひとり飯の時間が戻ってきたのである。

彼と一度、来た店なので、店内の様子もわかり、場所見知りも薄れ、抵抗なく店に入ることはできる。しかし、彼が簡単に注文していたメニューでさえも、自分一人で注文できないことに座ってから気がつくのである。

すんなり頼むことができたのは英語のビアだけ。そのビールがジョッキに注がれて運ばれてきた。リトアニアのビール「ウテノス」。以前、来た時と同じようにさらりと飲みやすいが、薄い味に感じる。二人飯とひとり飯の居心地の違いが味まで変えてしまう。「ひとり飯より、みんなでご飯を食べた方が美味しい」と言われることは、こうして同じ店で同じ物を注文するとわかりやすい。

全く気にならなかった料理を待つ時間にも違和感を覚える。手持ち無沙汰で、どう時間を過ごしていいのか戸惑っていた。しかも、こういう時に限って料理はなかなか出てこない。元々、ツェペリナイは手間のかかる料理である。友人と来た時は話していたので気にならなかったが、以前も出てくるまでに、それなりに時間がかかっていたのだろう。

いったい今まで僕は一人の待ち時間をどう過ごしていたのだろう。日本では店に置いてある新聞や雑誌などを読むこともあるが、ここ数年は携帯電話の画面を眺めていることが多い。しかし、旅に出て携帯電話のメールを使わなくなってから一カ月以上経つ。その間も特にここまで手持ち無沙汰になった記憶はない。調理場が見える場合は、料理している様子を眺めていただろうし、そうでなければ周囲の客の様子を眺めていたのだろう。その感覚を思い出し、ビールを飲みながら談笑する男性二人組の様子を眺める。日本人が昼間、酒を飲んでいると休日中の一コマに見えるが、こちらの人が飲んでいると休憩中の一コマに見えるから不思議である。この後、さらりと働きだしそうだ。

ようやく白いクリームソースがかかったツェペリナイが運ばれてきた。店によってかかっているソースは違う。たいていはこの店のようにシンプルなクリームソースが多いが、中にはマッシュルームが入っている店もあれば、クリームソースではなくミートソースのこともある。この街に到着した日から毎日、一食はツェペリナイを食べていたので様々なソースを味わっていた。リトアニアの料理は、これしかないというわけではない。ソーセージもあれば、豚の煮込み料理のようなものもある。ロシア料理のような酢漬けの野菜を食べさせる店もあれば、ウォッカに合いそうなサバや鶏の燻製を出す店だってある。それでも僕は、このじゃがいもの食感に魅せられていた。名前を憶えていなかったけれど。どの店に行っても「いつものじゃがいも料理も頼んでもらっていい?」と友人にお願いしていたせいである。

料理が来てから手持ち無沙汰は解消されたが、新たな問題が浮上した。ビールのジョッキが空いているにもかかわらず、おかわりを頼むタイミングを逃してしまった。フロアは、女性スタッフ一人で切り盛りしているので雑務が多いのか、それとも客が僕と男性二人しかいないので手を抜いているのか、キッチンの方に入り込んでしまい、なかなか出てこない。

「エクスキューズミー」と大きな声で呼べばいいのだろうが、照れくさくてできない。男性二人でいれば、難なくできそうなことが、一人になると何もできない中年男の実態がどんどん露《あら》わになっていく。女性スタッフの姿がフロアに現れた。

「エクスキューズミー」

小さくつぶやきながら恐る恐る手を挙げる。

「ワンモアビア」

念のため空のジョッキを指して、ボディランゲージを加えて注文する。注文した後で大きなため息を吐いた。

## 8「黒人の子供たちに囲まれて食らふ西アフリカの朝食」ワガドゥグ(ブルキナファソ)

土塀に覆われたカフェをのぞくと、あどけなさの残るオーバーオールを着たブルキナベの少年が、いつものように、はにかむような笑顔を見せた。ブルキナベとはブルキナファソの人のことを指す。この旅に出る二カ月前まで名前も知らなかった国である。

「サバー」

「ボンジュール」より、くだけた「元気?」といった挨拶を交わす。相変わらず僕は挨拶程度のフランス語しかできない。この国は公用語がフランス語だった。

コーヒーを飲む仕草をすると彼は笑顔で大きくうなずき、カウンターの奥にいた彼の兄にモシ語らしき現地の言葉で注文を伝えた。この店は彼ら兄弟二人で切り盛りしているようだ。

テーブルの上には相変わらず赤い土埃が積もっている。きれいに拭いても二時間もすれば、うっすらと赤土が覆い始め、一日経てば、かなりの量が積もるだろう。周囲の道は舗装されておらず、乾季で雨も降らないため、常に赤土が舞っている状態である。一日外にいた後、髪の毛を触るとパラパラと砂が落ち、身体は砂でコーティングされたようになる。しかし、気になったのは最初のうちだけで、今ではほとんど気にならなくなった。

この街を起点にしてガーナやコートジボワールなど近隣の国にも行こうと思っていたが、気づいたら、どこにも動かず、二週間以上経っていた。日本人がオーナーのゲストハウスに宿泊し、ビリニュスで過ごした日々と同じように日本語で話せることが心地よく、どうしても腰が重くなってしまった。

「世界一周に行かれるんですよね？　もし、よろしければ西アフリカに住んでいる父の様子を見てきてもらえないですか？」

東京で通っていた美容院の人にそう言われたことが、この国を知るきっかけになり、ビリニュスの時と同じように世界一周券とは別にこの国までの航空券を購入したのである。同じく美容師だった彼のお父様は五十歳になったら好きなことをさせてくれと家族に宣言し、美容師を辞めるとシニア海外ボランティア（JICA）に志願し、ブルキナファソに渡ってしまった。任期が終わった後もそのままこの国に住み続け、既に五年になるという。場所が場所なだけに家族は一度も訪れたことはないそうだ。

カウンターでは、Tシャツにジーンズ姿の兄が、マグカップに粘り気のあるコンデンスミルクをたっぷり落とし、その上にネスカフェのインスタントコーヒーの粉末を入れる。そして、その上から使い込まれたやかんで湯を注いでかき混ぜた。これはゲストハウスで出されるコーヒーと同じ作り方である。ゲストハウスのオーナーが、連れて行ってくれたいくつかのカフェもたいてい同じ作り方なので、この国、少なくともこの街の人たちはみな、コーヒーをこうして飲むことが普通なのだろう。普段、僕は、ブラックで飲むことが多いのだが、ここに来てからは、この甘いカフェオレにすっかり慣れ、慣れを通り越して好きになっていた。

この国に来てからの食事は基本的にゲストハウスに出入りするブルキナべのお手伝いさんの女性が作ってくれることが多かった。フトゥと呼ばれる山芋で作った餅に魚を煮込んだソースをかけた料理やゴンボと呼ばれるおくらで作ったソースをご飯にかけた料理など彼女の作るブルキナファソ料理は、どれも美味しかった。その料理を日本人オーナーとインターンシップでこのゲストハウスに長期滞在している日本人女子大生と三人で食べることが多く、ビリニュスに続き、ひとり飯はしばらく、お休みになってしまった。

この日、三人で朝食を食べたところまではいつもと同じ朝だった。その後、オーナーと日本人女子大生が出掛けると聞いていたにもかかわらず、僕は鍵を持たないで、ふらりと散歩に出てしまい締めだされてしまったのである。朝食時、滞在中の女子大生が延長するビザを役所に取りに行くような話をしていたので、すぐに戻ってくると は思う。門の前で待っていてもよかったのだが、午前中からぐんぐん気温が上がっていく。まもなく35度を超え、昼には40度を超えるだろう。水分をこまめに取っておかないと僕の場合、小便をする度に痛みを伴う尿道炎に近い症状が現れる。そこで水分補給と日除《ひよ》けも兼ねて、ゲストハウスから数十メートル先にあるカフェにやってきたのである。この店には日本人オーナーや女子大生と何度か来たことがあり、散歩の途中、カフェの兄弟と会うとお互い笑顔で挨拶を交わしていたので、ひとり飯の時の店への入りづらさは全くと言っていい程なかった。

カフェといっても、この店には看板も出ていない。質素なカウンターと客席用の机が二つ並び、日除けのビーチパラソルがあるだけ。壁で覆われた人の家の庭で、お茶を飲んでいる感じだ。かろうじてカフェらしいのはカウンターの奥に置かれた棚に、インスタントコーヒーが詰まっている業務用のネスカフェの缶が三つ程、並べられていることくらいだろうか。しかも三つの缶のうちの一つは空き缶でテレビの室内アンテナの土台の役割を果たしている。どのカフェに行っても、置いてある缶はネスカフェ以外に見たことがなかった。スーパーには他の銘柄のインスタントコーヒーを売っているのも見かけるが、ネスカフェ以外は美味しくないと、出会ったブルキナベは口を揃えて言う。

オーバーオール姿の弟が生卵を二つ、手の平に載せて大事そうに持って帰ってきた。近くの店で買ってきたのだろう。すぐにカウンター内にある調理場のフライパンで卵を焼く音が聞こえ始める。ひょっとすると僕の朝食を作ろうとしているのかもしれない。朝食は既にゲストハウスで食べてきたのだが、それを説明するフランス語を僕は持ち合わせていない。朝食の量など、たいしたことはないので、出てきたら出てきたで食べるだけのことである。

日本で言えば小学校低学年くらいの小さな女の子が現れた。汗疹《あせも》対策なのか顔全体が白いベビーパウダーで覆われ、ドレッドヘアの髪の毛の先にはアルファベットの文字が施されたプラスチックの小さな飾りが取り付けられている。ご飯をくださいだとかお金をくださいだとかいった雰囲気は全く感じられない。彼女は僕の首から垂れ下がっている一眼レフのカメラをじっと見つめていた。カメラを構える仕草をすると、オーバーオールの少年と同じように、はにかむような笑顔を見せた。写真を撮ってほしかったのだ。三回程、シャッターを押して顔を上げると彼女は去っていった。

その間にテーブルの上にはプレーンオムレツとトマトを挟んだフランスパンが置かれた。やはり朝食を頼んだことになっていたようだ。半世紀程前まで、フランスの植民地だったこの国では意外に美味しいフランスパンを食べることができる。このフランスパンに目玉焼きやスクランブルエッグなどの卵料理を挟んで食べることが、この国にやって来てからの僕の定番の朝食だった。

メールのやりとりの中で僕がリトアニアからブルキナファソに移ってきたと書くと西アフリカの朝食について尋ねてきた友人がいた。フランスパンを食べていると伝えると、

「アフリカでフランスパン？　意外」

と返ってきた。この国で毎朝、フランスパンを食べているうちに、それが当たり前になりつつあるが、僕も、ほんの二週間程前までは西アフリカの朝食など考えたこともなかった。恐らくここに来なければ、一生、西アフリカの朝食など考えることさえなかったかもしれない。

先程の女の子が子供たちを引き連れ、再び現れた。鼻の下に鼻水が垂れた跡がくっきり残っている男の子、ワンピースを着ていなければ男の子かと思ってしまうような女の子、この国では美男子の象徴でもある前歯の隙間が空いている男の子、幼児をおぶってきている女の子、それぞれ特徴のある子供たちが一斉に僕を見つめている。最初にやってきた女の子と同じで僕を見つめているのではなく、カメラを見つめているのである。どうやら写真を撮ってくれる東洋の中年男がカフェにいると触れ回って連れてきたようだ。

残りのフランスパンを口に放り込むと彼らの写真を一枚ずつ撮り始めた。ファインダーをのぞきながら、自然に顔の傷を探してしまう。魔除《まよ》けの風習で、この国の人の顔にはたいてい切り傷の跡がある。

ファインダー越しに切り取られた視界から顔を上げたある瞬間、ふと黒人だけの中に別の人種が一人だけいるという環境を自覚し、一瞬、頭が混乱した。今まで外国人の中に日本人の僕一人だけいるという体験がないわけではないが、黒人の中に一人だけというのはこの時が初めてだった。黒人だけの中に一人身を置くというイメージを持ったことが全くなかったのだ。まるで西アフリカの朝食をイメージすることがなかったように。僕の頭の混乱とは関係なく、子供たちは競うように写真に撮られようとした。そして、全員、撮り終えるとデジタルカメラの画面の再生ボタンで一緒に写真を確認して笑った。笑い声だけはイメージ通りだった。

## 9「外国人が握る寿司」マドリッド（スペイン）

石畳の上に微動だにしないで銅像のように立っている男性がいた。目の前の缶にユーロの小銭を入れるとロボットのような動きを見せてくれる。銅像芸と言われる大道芸の一つ。マドリッドの中心部ソルの旧市街を歩いているとストリートミュージシャンや大道芸人が、ちらほら現れる。

「とんかつ定食」「野菜炒め定食」「寿司定食」

手書きの日本語ポスターが目に留まった。日本食屋であることには間違いなさそうだ。

インドやネパールに滞在していた頃、日本食屋に何度か入った。日本食が食べたかったというよりは慣れ親しんだメニューがあることで店に入りやすくなると思ったからである。店内に幼馴染みが待っているかのように。しかし、馴染んだ店ならともかく馴染んだ料理が出てくるからといって店に入りやすくなるわけではなかった。それがわかると自然に日本食屋に足が向くことはなくなった。もちろん海外の日本食屋が割高ということも理由にはあったけれど。

目に留まった日本食屋は日本のスナックでよく見かける重厚そうなドアだった。一見のお客さんを拒絶するような扉は、僕のひとり飯の店リストから早々と消されてしまう。そのまま通り過ぎて、大道芸人で賑わっているマヨール広場に向かった。しかし、頭の中で「寿司」の文字と映像が浮かぶと無性に食べたくなってきた。こんなことは旅に出てから初めてのことだった。マドリッドに入り、イベリコ豚のサンドイッチやチーズの揚げ物、脂っこい鶏肉の入ったパエリヤなど重い食事が多かったせいかもしれない。そのためには重厚なドアをクリアしなくてはならない。もしくは寿司をあきらめるか。

結局、店の前まで戻った。決して上手とは言えない漢字とたどたどしいひらがなのメニューが書かれたポスターをじっくり眺める。どれも12ユーロ（約1900円）。決して安くはないが、高いというわけでもない。この国はもっと物価が安いと思っていたが、安いのはビールだけで後は日本と同じもしくはそれより高いくらいである。

思い切って重い扉を開けた。誰もいない小さな六畳ほどの部屋が現れる。バーカウンターと角にはコート用のハンガーが置かれていた。壁は赤いビロード調。これでカラオケセットがあれば、すぐにスナックが始められそうな雰囲気だが、どちらかと言えば高級クラブ、いや、高級料理店が持つウエイティングバーに近い雰囲気でもある。ジーンズにパーカー姿の僕が入るには少々、場違いな気がして、ひるんでしまい、外に出ようか判断に迷った瞬間、奥の部屋からスーツ姿の中国人女性が現れた。

「ウノ（一人）？」

中国人独特の攻撃的な言い方で聞かれる。

「シー（はい）」

思わずうなずいてしまう。

彼女について部屋を通り抜けると雰囲気は一転した。三十席程あるスペースに並べられた濃い茶系の簡素な机と椅子は、どこかそば屋のような雰囲気である。ところどころに置かれた背の低い障子のついたてと店内に流れる吉幾三の演歌が日本的な空間を作っていた。彼女に案内された席につくと同時に僕が唯一、スペイン語で頼むことのできるビールを意味する単語「セルベッサ」をつぶやき、「ス・シ」と、ゆっくり発音する。

すぐに、スペインでよく飲まれる「マホー」という名のビールがテーブルに運ばれてきた。グラスに注ぎ、一口飲むと周囲を何気なく見渡す。僕以外に三組の欧米人の客がいる。日本人のようにガイドブックを眺めてくれればすぐに観光客とわかるのだが、みんな会話を楽しんでいるだけなので観光客なのか地元客なのかわからない。男女の若いカップルのテーブルの上には、唐揚げ、寿司、小鉢に入った一品料理など様々な料理が並んでいる。寿司下駄の上に寿司を載せてあるのが目に留まると、ふとこの店の経営者のことを想像した。

海外の日本食屋は二種類ある。日本人が経営しているか、もしくは日本人以外の外国人が経営しているか。そんな偉そうに書かなくても、その二種類しかないし、そんな偉そうに言う程、見わけがつくわけでもない。メニューで「ソバ」が「リバ」と書かれているのを見つけた時やスープに野菜スティック状の生の野菜を突き刺した料理が「味噌汁」として出された時などに外国人が経営しているんだろうなぁと判断する程度である。

「サラダデス」

最初に案内した女性ではなく、チノパンに白いシャツを着た中国人男性が片言の日本語で言いながら、テーブルの上に器を置いた。日本語で言われたので、思わず「ありがとう」と日本語で返す。彼は何かを確かめるように僕の顔をじっと見つめた後に微笑んで去って行った。

サラダとして出された物は、きゅうりとワカメの酢の物だった。酢の物という意味にあたるスペイン語で言われてもきっと僕にはわからないので、そう言ったのかもしれない。

酢の物にしては量が多く、美味しいかどうかと聞かれれば、首をひねるだろうが、僕のような味覚が鈍い人間からすれば決してまずくはない。大衆居酒屋で飲んでいるのとさほど変わらない気もして、逆に懐かしささえ覚える。何よりあっさりした食べ物を身体が欲していた。この店は日本人経営者かもしれない。青森を旅していたマドリッド出身の女性と恋に落ちた日本人男性が脱サラして彼女と一緒にスペインに渡り、この店を始める。故郷を忘れないために青森出身の吉幾三のアルバムを店内に流そうと彼らは心に決めたのである。

そこまで妄想した時、カップルの男性の奇妙な動きに気がついた。握り寿司をおかずのようにしてチャーハンを食べていたのである。とはいえ外国人なので、そういった食べ方をしても決して不思議ではない。

いや、待てよ。そういえば先程、女性店員がよくわからない質問を僕にした。「アロス（ご飯）」だけ聞き取れ、咄嗟に「シー」と言ってしまった。わかる単語があるとつい「シー」と言ってしまう癖が身についてしまった。その時は、気づいていなかったが何かを選択しろと言っていたような気もする。何気なく周囲を見渡す。

その時、驚く光景が目に飛び込んできた。スペイン人の別のカップルが寿司をおかずに白飯をほおばっていたのだ。しかも、これが当たり前の食べ方とでも言わんばかりに平然とした表情で。再度、女性店員から聞いた「アロス？」という単語が頭を過る。まさか……。

そのまさかだった。寿司とともにライスが運ばれてきたのである。しかもご飯のお茶碗ではなく、味噌汁のお椀。

「アナタ　ハ　ニホンジンデスネ？」

男性店員はにっこり笑って僕に片言の日本語で言って、僕の目の前にプラネタリウムのような形に白飯が盛られたお椀を置いた。寿司の隣に置かれたご飯の勢いに圧倒されながら、「そうです」と答えると彼は後ろを振り向いて、うなずくような仕草を見せた。

彼の目線の先には厨房につながる扉があった。その扉から誰かがのぞいている。漫画で部屋の中の様子をうかがう時に縦に顔が並ぶ様子が描かれることはあるが、まさにその状態だった。顔まではわからないが明らかに人影と視線を感じる。男性店員は厨房の方へ、細かい報告をいちはやくしたいのか早足で戻って行った。

「やっぱりあいつ日本人だったぜ」

「お前、すごいなぁ。きちんと日本語が通じていたじゃないか」

キッチンで盛り上がっている様子の想像がつく。それから、度々、扉から視線を感じた。自分たちの作った寿司を、どう食べるのかを観察しているようにも見えた。

握り寿司はマグロとサーモン、鉄火巻き、カッパ巻きなどが並ぶ。隣に業務用のわさびがてんこ盛りで添えられていること以外は日本と変わらない。海外の寿司はわさび抜きが多いので、これは普通なのだろう。日本の寿司のように舌の上で米粒がはらり、ほろほろではなく、小さくした握り酢飯の上に刺身が載っている感じではあるが、久しぶりの刺身は、やはり身体が欲していたようで美味しくいただいた。

しかし、そんな僕もさすがに、ライスにだけは手をつけることができなかった。どのタイミングで食べればいいのだろうか。この時、僕は確信したのである。間違いなく、この店は外国人経営者だろうと。

「オイシイデスカ？」

会計の際、男性店員に日本語で聞かれ、「シー」とスペイン語でうなずいた。どこか引っかかった気持ちを残したまま。

## 10「芝居前にペルー産ワインを一杯」リマ（ペルー）

同じ通りを何往復しただろう。それでもスペイン語で劇場を意味する「teatro」の文字は見当たらなかった。世界三大劇場の一つ「コロン劇場」（アルゼンチン）や南米最古の劇場「ソリス劇場」（ウルグアイ）など、一目で劇場とわかる厳《おごそ》かな建物を想像していた。少なくとも劇場の近くまで行けば、公演中の演目の垂れ幕が下がり、今後、上演されるポスターが貼られているなど劇場らしい雰囲気が周囲に漂っているだろうと思っていた。しかし、観光案内所で教えてくれた通りは衣料品店や雑貨店、オフィスビルが無造作に建ち並んでいるだけで劇場らしき建物どころか演劇の雰囲気すらなかった。

いつしか陽は暮れていた。早目に劇場に来てチケットを購入し、カフェに入って芝居を観る前の優雅な気分にでも浸ろうと思っていた目論見ははずれた。

新市街だったからよかったものの、これが旧市街で彷徨《さまよ》っていたとしたら早々に劇場探しをあきらめていたに違いない。旧市街は治安が悪い。滞在していたホテルの日系人オーナーからも耳にタコができるほど聞かされていた。確かに旧市街を歩いていて少し通りを間違えるといくら鈍い僕でも不穏な空気を感じることがあった。カメラを首からぶらさげていて露天商のおばさんにひったくる仕草で注意されたこともあるし、実際、一緒のホテルに滞在していた日本人女性はカメラをひったくられる被害に遭っていた。それに比べると新市街は安心して歩くことができた。もちろん旧市街に比べての話ではあるのだが。

不動産屋とインターネットカフェが入ったビルの入口の奥にパチンコの景品場のような窓口が見えた。窓口の横に旧市街の掲示板で見かけた若い女性三人組が並んだ派手なポスターが貼られている。恐る恐るビルの中に入り、薄暗い廊下を進んでいく。どうやらその窓口がチケット売り場で奥が劇場のようだ。劇場というより芝居小屋と呼んだ方がよさそうだ。窓口の若い男性スタッフは、当日券を渡した後、ガラス越しに自分の腕時計を指し、スペイン語で一言二言つぶやいた。何を言っているのか全く理解できなかったが、状況と仕草から察すると三十分後に開場になるとでも言ったのだろう。

中途半端である。優雅な気分に浸る時間にしては短いし、かといって、陽が暮れた歩道で立って待つには気分的にも肉体的にもつらい。優雅な時間は無理としても、やはり、どこかカフェにでも入って座り、何か飲みたかった。

何往復もする間に何度も見かけた木目調の落ち着いた雰囲気が漂うオープンカフェに向かった。窓のないオープンカフェの造りのせいか、それとも多少は旅に慣れたからなのか、ただ単に疲れているからだけなのか、いずれにせよ、いつもひとり飯の店に入る時の抵抗感が現れることなく、店に入ることができた。

同じオープンカフェでも旧市街だったら、こんなにすんなり入れたかどうかはわからない。恐らく、いつものように躊躇《ちゅうちょ》していただろう。旧市街のカフェや食堂、市場などでは観光客に対して刺すような視線を感じることがある。もちろん旧市街は治安が悪いという思い込みが僕にあるせいなのかもしれないが、旧市街と新市街では客層も違うような気がする。旧市街は地元の人が集う土着的な雰囲気が漂っているが、新市街はビジネス街ということもあり、様々な人が入りこんでいて他人に干渉しない空気がある。

屋根のない歩道に面した席に座る。店に入るまではコーヒーをもらうつもりだったが、ビールをする客を見た途端に迷った。ただ、ビールを飲むには少し肌寒かった。今頃、日本は初夏でビールが美味しい季節なのだろうが、南半球にあたる南米はこれから冬を迎える晩秋といった感じである。しかもリマ独特の曇りの日が多いため、昼間、地表を温める余韻も残っていない。

ビールよりアルコール度が高い南米特有の飲み物「ピスコサワー」が頭に浮かんだ。ピスコとはブドウの蒸留酒で、アルコール度数が高く、蒸留酒特有の香りがある。そのままで飲むよりレモンジュースや卵白を加えてシェイクしたカクテル「ピスコサワー」の方が気に入り、この街に来てから何度か飲んでいた。

黒いパンツに白いシャツの女性店員がメニューを持ってくる。僕がメニューをめくり始めると注文まで時間がかかると思ったのか一旦、机から離れて行ってしまった。こういった店員の対応は僕にとってはありがたい。メニューを置いて、その場で立ったまま待つ店員もいるが、それだけで僕にはプレッシャーになり、早く選ばないといけないような気になってしまう。相手が急《せ》かしているつもりはないことは充分、わかっているつもりなのだが、横でボールペンとメモ帳を持って、「いつでも書きますよ」

という態勢で待たれると焦りを通り越し、プチパニックになる時さえある。これが逆に「早く注文しろよ」的な対応で舌打ちされれば、意地になってわざとゆっくり頼んでしまうのだから、何とも嫌な性格である。この店の女性店員のように何も言わずに「後で注文を聞きにきますから、どうぞごゆっくり」的な態度が、一番、心地よい。とは言っても三十分しかないので、あまり悠長なことは言っていられない。

カフェメニューではなく、アルコールメニューのページに視線を落とす。いくつか並んだワインの銘柄の生産地の中に「Ｐｅｒｕ」の文字が目に留まった。つまり、ペルー産のワインである。南米のワインはチリやアルゼンチンが知られているが、ペルーでもワインは作られている……ということをこの国に来てから知った。インターネットで調べてみるとペルー最大のワイナリー「ＴＡＣＡＭＡ」が知られているようで、このカフェに置いてあるワインもその銘柄だった。街の酒屋のワインコーナーでも「ＴＡＣＡＭＡ」を見かけたことがある。しかし、チリやアルゼンチンのワインのスペースに比べれば、ごくわずかなスペースで、数本しか置かれておらず、どの瓶も埃をかぶっていた。一杯飲むならともかく、一本買う気にはなれなかった。

しかし、カフェなら試すことはできる。値段は10ソル（約３００円）。新市街の方が旧市街より多少、物価は高いことから想像するとグラスワインなのだろう。僕のアルコールの強さからすれば三十分程かけてちびちび飲むにはちょうどよさそうな量である。メニューを閉じると見計らったように、すかさず女性店員が注文をとりに来た。ホテルのラウンジのような気配りに感心しながら、

「ウノ　レッドワイン」

と英語とスペイン語を混ぜて注文する。スペイン語圏に来てから、二週間以上経つのに、相変わらずスペイン語は挨拶の「オラ」と数字の1を意味する「ウノ」、ビールを意味する「セルベッサ」しか使えなかった。

コーヒーを飲みながら新聞を広げるスーツ姿の男性、ビールをすすりながら談笑する老夫婦……旧市街とは雰囲気が違う。こういった風景は都市のどこでも見られる風景なので、つまらないとおっしゃる旅慣れた人もいるだろうし、そういう方は昔から、その街に住む人が集まる旧市街のカフェの方が好きかもしれない。臆病な僕は、どちらかと言うと、新市街の方がホッとする。

ワインが運ばれてきた。グラスワインではなく、ハーフボトルだった。量から考えると、この値段は安いが、僕のアルコールの強さを考えると三十分で、この量を飲み

干すには、かなり無理がある。

店員は僕の目の前にグラスを置くとその場で栓を抜き、ほんの少しだけ注いだ。どうやらテイスティングタイムまであるようだ。グラスを回して赤ワインに空気を触れさせた後、口に含んで味を確かめ、うなずく……知ったかぶりの仕草をするだけ。料理の味に対しても鈍感なのに、ワインの味など語れるわけもない。フルボディのどっしりした重いワインだなぁということくらいしかわからない。

なみなみ注がれたワイングラスに口をつけながら、ボトルの残量を見てげんなりした。飲めなければ残せばいいだけのことなのだが、貧乏性の僕には、それができそうになかった。歩道を通り過ぎていく人を眺めながら、芝居前の優雅な気分を満喫する時間はもろくも崩れ去った。ハーフボトルのワインの量ばかりが気になり、三十分で飲み干さなくてはならない焦燥感にかられる。そして、身体はどんどん熱くなり、芝居に行くことがどんどん億劫になっていった。

## 11「ホットドッグが通じない」サンティアゴ（チリ）

あえて説明するまでもないかもしれないが、ファストフードのファストは「早い」という意味である。つまりファストフードとは注文してすぐ食べられ、または持ち帰ることのできる料理。少なくとも僕がこの旅で持ち歩いている電子辞書にはそう書かれている。しかし、サンティアゴのファストフード店では、なかなか商品を手にすることができなかった。

レジの前には長蛇の列ができていた。この店の定番メニューであるアボカドソースが載ったホットドッグは、かなり人気があるようだ。サンティアゴ在住の知人がチリにはアボカド好きが多いと冗談交じりに言っていたことを思い出す。チリ北部の街で高品質のアボカドが獲れる産地があることやこの長蛇の列を見るとまんざら冗談とも言えないのかもしれない。

チリは東京からバンコクまでの距離と同じ約4300キロメートルにもわたって海に面している国なので、本来はウニやアワビ、ホタテなど海産物の方が知られている。そういった海産物が食べることができるレストランや食堂も多い。にもかかわらず、僕はほとんど行かなかった。滞在していたウィークリーマンションタイプのホテルはキッチンやテーブルがあり、リビングには大きなソファまであった。テレビから流れる南米の音楽番組を観ながら、冷蔵庫で冷やしたチリのビール「クリスタル」をちびちび飲んでいるうちに、食事に出掛けることが億劫になり、スーパーで購入したパンやカップめんで済ませてしまうこともあった。

ファストフード店のテイクアウトも何度か利用した。旅に出てから四カ月近く経ち、多少はひとり飯に慣れたとは思っていたが、よく考えてみると抵抗なく店に入ることができるのはファストフード店だけだった。ひとり飯の店を決めかねるとファストフード店に逃げがちになることも多く、それも日本とほぼ同じメニューのあるマクドナルドだった。日本では、ほとんど行かないのに。

せめてマクドナルド以外のファストフード店で買って帰ろうとホットドッグ専門のファストフード店に入ってみたら、この長蛇の列に遭遇したのだ。そして、この列がなかなか進まない。

　列から少しはずれ、レジのあるカウンターの様子を見てみる。会計係とトレーの上に注文を受けた商品を並べていく係の二人の男性でこなしている。その光景は日本のファストフード店とさほど変わらない。

　遅い原因は何なのだろう。キッチンでホットドッグを作るスピードが遅いのだろうか。しかし、キッチンとレジと繋がっている商品を並べる棚には作り置きらしきホットドッグが種類別に一個か二個は並んでいる。

　あまりに進まない列に見兼ねたのかキッチンから女性店員が出てきて、レジを新たに一つ開けた。僕の前に並んでいた三組の客が彼女のレジへと一気に移った。おかげで僕の順番は四番目にまで繰り上がった。一瞬、僕も釣られて移りそうになったのだが、今から移動しても同じ四番目である。しかも女性店員がレジで会計する作業と商品を揃える作業を一人でこなすことを考えると進み具合は更に遅くなるだろう。

　しかし、僕の予想ははずれる。女性一人のレジの方が明らかに早かった。レジを打ち、商品を揃えていく手際のよさは、日本のファストフード店の女性店員のスピードと変わらない。今さら並び変えるわけにもいかず、男性店員二人組のレジの列に並んだままスペイン語で注文する台詞を頭の中で確認する。確認といっても「ウノ　ホットドッグ（ホットドッグ一個）」と言うだけでよさそうだ。この店のプレーンのホットドッグは、既にアボカドソースが載っているのである。よって、アボカドのスペイン語がわからなくともホットドッグとだけ言えばよい。

自分の番が近づくにつれ、列の進み具合が遅い理由がはっきりしてきた。原因はレジの隣に立ち、客が頼んだ商品をトレーに準備する係の男性である。彼の準備が異常に遅いのだ。商品を取りには行くのだが、なかなか戻ってこない。僕が列からはずれて最初に見た時は、手に商品を持ったままキッチンに向かって話しかけていた。キッチンに指示を出しているのだとばかり思っていたのだが、その話しかけていた相手はキッチンからレジに出てきた女性だった。どうやら彼は、その女性と交際しているようだ。少なくとも彼は彼女に想いを寄せていることは間違いなかった。

キッチンにいた彼女は彼のせいで遅くなっていることを気にしてかはわからないが、あまりの客さばきの遅さにしびれを切らし、レジに来て手伝い始めたのだ。しかし、それは彼にとっては、よりよい環境になっただけだった。さっきまではキッチンと売り場を隔てる棚で一応、区切られていたが、今は障害が何もない。彼は商品を取りに行く度にいちいち彼女のもとを訪れる。名目上は彼女のレジ近くにあるフライドポテトを揚げる場所に行き、ポテトを袋につめて持って帰ってくる。そのまま戻ってくればいいのだがレジには向かわず、女性店員のところで一旦、立ち止まる。彼女は彼をうまくあしらいながら一人でレジを順調にこなしているのだが、彼はちょっかいを出してなかなか戻ってこない。

よって会計が終わっているにもかかわらず、商品が出てこない。トレーがレジの横に並び、次の客の注文がとれない。やる気なさそうな会計係の男性店員は彼に注意するわけでもなく、早く時間が過ぎないかなぁといった感じで宙を見つめ、商品が出てくるまで延々と待っている。不思議と客は誰も怒らない。怒っている気配さえ感じられない。

その時である。彼が彼女の頬にキスをした。しかも、タコチュー。人のキスなど、どうでもいいことなのだが、こちらも長い時間立って並んでいるとそういった細かいところまで気になってくる。

「みっともないキスする暇があったら、早く商品を持って来やがれ」

カウンターを飛び越え、胸ぐらをつかんで怒鳴っている自分を想像する。現実は、イライラ半分、嫉妬半分でその様子を横目で見ているだけ。

列に並んでから二十分近く経ち、ようやく僕の番がまわってきた。頭の中で確認した「ウノ　ホットドッグ」とつぶやく。しかし、僕のつぶやきにやる気なさそうな会計係の動きが止まった。僕を凝視しているのである。ホットドッグが通じていないのだ。

後で調べてみたらホットドッグはスペイン語で「ペロカリエンテ」だった。ホットドッグなんて日本では子供たちでも普通に使っているのだから世界共通で通じると思っていたが、英語圏以外の場所では僕らが日常で当たり前に使っている英語でさえ通じない可能性があることを忘れていた。フランス語圏のブルキナファソで車を意味する英語「カー」が通じなかったように。

慌てふためきながら、彼の後ろ上方に貼られたメニュー板のアボカドソースの載ったホットドッグの写真を指した。会計係の彼は、その写真を見ながら、不満気な表情で、うなずき、レジに目を落としたまま、何か質問している。スペイン語なので何を言っているのか全くわからない。ただ日本のファストフード店の状況から察するにセットかどうかを聞いているのだろう。飲み物はいらないし、ポテトを頼むほど、お腹も空いていなかった。

「ホットドッグオンリー」

僕の発する言葉にまた彼の眉間に皺が寄っている。「ホットドッグ」が通じないのだから、「オンリー」など通じるはずもないのだ。それでも往生際悪く、もう一度、ゆっくり言ってみる。何度、言っても同じ。そして、そこへタコチューの店員が戻ってきた。僕とのやりとりの状況を会計係から聞くと、バカにしたような目でこちらを見ながら、挑発的な感じでぶつぶつ言っている。

「チリに来ているんだったら、スペイン語で言えよなぁ」

とでも言っているのだろうか。

僕の後ろには列が続いている。彼らとコミュニケーションを取ることをあきらめ、彼らの質問にイエスという意味のスペイン語「シー」をやけくそ気味に連発した。とにかく早くその場から立ち去りたかった。結局、僕はコカ・コーラとポテトがついたセットメニューを頼んだことになってしまった。テイクアウトをボディランゲージで説明し、やっとの思いで店を出て、逃げるようにホテルに戻った。「シー」を連発したせいで袋の中にはミニチョコパフェのようなデザートまで入っていた。

## 12「高級ステーキハウスひとり飯」ブエノスアイレス（アルゼンチン）

アルゼンチンの人々は、どんなに経済状況が悪くても、アルゼンチンワインを飲みながらステーキを食べるという習慣だけはやめられないらしい。僕の偏見だろうが、アルゼンチンの肉と「アルゼンチン」という言葉がつくだけで、どこかおしゃれな雰囲気が漂う。南米のパリと言われたブエノスアイレスの肉となればなおさらのことである。まぁ、パリにたとえられるだけあって、この街も飼い犬が多く、犬の糞も多いのだけれど。ちなみに犬を預かって散歩させる職業「犬の散歩屋」はこの街が発祥らしい。

チリ在住の知人は、僕がブエノスアイレスに向かうことを告げるとアルゼンチンタンゴの鑑賞付きステーキツアーなるものがあると勧めてくれた。街中のあちこちにあるカフェの安いステーキも美味しいが、高級店のステーキハウスの肉も一度、味わっておくといいということだった。しかもツアー料金なので日本円で1万円程度と値段も手頃だったので、インターネット上で予約してもらった。

しかし、ブエノスアイレスに到着するとその予約が重荷になり始めた。誰かと一緒に行くならともかく、高級店にスペイン語もできない輩《やから》が一人で乗り込むことが、かなりのハードルに思えてきたのだ。

普段はジーンズにタートルで街を闊歩しているが、さすがにそんな格好で行くわけにはいかない。チノパンにはき替え、旅の間、ほとんど袖を通していない襟つきのシャツを着て、コットンのストールを首元に巻いた。

ロビーには細身で神経質そうな中年男性が、ツアー客名の書きこまれた名簿の紙を挟んだクリップボードを持って立っていた。ちょうど老夫婦の客が手続きしているところ。その老夫婦の服がゴージャスだった。「肉」という文字が似合いそうな大柄の男性は映画「ゴッドファーザー」に出てきそうなダブルのスーツで、首からカシミヤらしき質のよさそうなキャメル色のストールを巻き、ピカピカに磨かれた革靴を履いていた。旅の途中で購入した折り畳めるほどの薄い白いスリップオンタイプの革靴を履いた僕とは対照的だった。奥様は更にゴージャスだった。胸元には金色のネックレスをして、上からは毛皮のコートを羽織っていた。初冬のアルゼンチンには似合わない薄いジャケットを羽織った僕とは天と地程の差があった。

ホテル前に停まっている迎えの小型バスに乗り込むと別のホテルでピックアップされた方々が既に何名か乗っていた。年齢層は高いが、ロビーにいた老夫婦ほどゴージャスでもなさそうで、ポロシャツの人もいれば、カジュアルジャケットの方もいて、少し気が楽になった。次に向かったホテルではジーンズにダンガリーシャツにテンガロンハットという、西部劇に出てきそうなアメリカ人の中年男性たちが乗り込んでくるのを見て、もっと気が楽になった。ただ、みんなカップルかグループだった。

高級ステーキハウスというよりは小さなビジネスホテルのような建物の前には様々なホテルから小型のバスやワゴン車が次々に到着し、客は続々と中に入っていった。ツアー客専用の入口が別にあり、蝶ネクタイの男性が笑顔すぎない微笑みで迎えてくれた。彼の脇の階段を二階へと続々と上がっていく。一階は一般客が使用しているようだ。二階は小さな宴会場のようになっており、机がびっしり並べられている。そのびっしり具合に高級感が少し薄れ、再び気が楽になった。それぞれの席は決まっていて、ウエイターは一名分のセッティングがされているテーブル席まで僕を案内してくれた。

椅子に座り、改めて周囲を見渡すと一人で来ている客は僕だけのようだ。しかも僕の隣には八名グループのテーブルがあり、一名分しかセッティングされていない僕の机が異常に目立っている。もちろん気にしているのは僕だけで、周囲の客もウエイターも全く気にしていない。それはわかっているのだが高級店でひとり飯の経験がない僕は落ち着かなかった。この旅の間に機内で観たディズニー映画「レミーのおいしいレストラン」を思い出して自分に言い聞かせる。映画に登場する料理評論家は、いつも高級店へ一人で食べに行っていたではないか。しかし、その後にもう一人の自分が現れる。あなたは料理評論家じゃないけどねと。

テーブルの上に置かれているアルゼンチンワインを開けるかどうかを聞かれていることに気がついたのは「シー（はい）」と答えた後だった。相手の言っていることがわかっていないにもかかわらず、何か聞かれるとついつい「シー」と言ってしまうのである。

僕が「シー」と言ったため、ウエイターはワインのフォイルを手際よくナイフで切り、コルクを抜き、大振りのワイングラスに少しだけ注ぐ。ワインのテイスティングである。グラスを回し、ワインに呼吸させて、匂いを嗅いで口に含み、うなずく。ぎこちないマニュアル通りの作法を終えると、ワインをなみなみと注がれた。

ウエイターがいなくなってから改めてワインの匂いを嗅いでみる。よくわからない。きっと誰かと一緒にいれば、そう正直に言って笑うだろうが笑う相手もいない。かといって、やみくもにきょろきょろする訳にもいかない。この時空間にどう身をゆだねていいのかつかめないままワインを飲む。グラスのワインが減るとすかさずウエイターが注ぎにきてしまう。この調子ではアルゼンチンタンゴを観る前に酔っぱらってしまいそうだ。

かぼちゃのスープが運ばれてきた。確かに美味しいが、皿のスープが少なくなるにつれ、だんだん「あれ？　どっちだっけ？」と思い始めた。残り少なくなったら器を斜めにしてすくう仕草を普段は何気なくしているはずなのに、改めて考えると手前に傾けるのか向こうに傾けるのか、どちらの作法が正しいのか、わからなくなってしまった。いつも書いている漢字を、手書きし、いざ眺めた時に、これで合っているのかどうか不安になるのと似ている。結局、皿を斜めにすることはなく、すくえるところまですくって残してしまった。

先程のかぼちゃのスープ程、大きい器ではないが、中華料理店でチャーハンについてくるスープよりは大きい器に入ったスープのようなものが机の上に置かれた。無意識にスプーンを手にとる。いや、待てよ。スープが二種類も出てくるだろうか。頭の中で映像を巻き戻すように注文の際のやりとりを思い出してみる。予約のコース料理なので、それぞれの料理を選ぶことはなかったが、ステーキの焼き具合を聞かれた際、ソースを聞かれ、マッシュルームと書かれたソースを指した記憶がある。確かに目の前にあるスープには刻んだきのこらしき物体が浮かんでいる。しかも器は僕の正面から少しずらして置かれている。

パンやサラダを口にして、様子をうかがっていると皿に載ったステーキが運ばれてきた。肉の上にはソースらしき物は何もかかっていない。やはりソースだったのだ。ソースをスープとして飲んでいる自分の姿を想像し、背筋がぞっとした。

ソースをスプーンですくって少しかけ、肉にナイフを入れ、フォークに刺して口に放り込む。美味しいことは美味しいが、感動する程、美味しいとは思えなかった。きっと、口の中でとろけるような最高級の肉を想像していたからだろう。ひょっとするとそれは日本人の好みであって、このくらい弾力のある肉がアルゼンチン人の好みなのかもしれない。

肉、ワイン、肉、ワインと休まずに口に運んでいるとあっという間にステーキがなくなり、早々に皿が下げられ、デザートのケーキが運ばれてきてしまう。

そこでハッと気がついた。全員に運ばれているわけではなく、僕だけにデザートが運ばれてきていたのである。僕の食べるペースが異常に速いのだ。そういえばフォークやスプーンをほとんど休みなしで動かしていた。もう少し落ち着こう。今さらながら、一旦、休憩し、椅子の背もたれに自分の背中をくっつけ、細く長い息を吐いた。

ここまで食事で疲れたことが人生の中であっただろうか。披露宴で挨拶を頼まれた時の食事……いや違う、寿司屋のカウンターに生まれて初めて座った日……う〜ん違う。ワインを口に含みながら、いろいろ考えるが、どれも違う。

既に半分以上のワインがなくなっていた。いかに黙々と飲んでいたかである。身体も、かなり火照《ほて》ってきた。

「デザート気に入らなかった？」

デザートにほとんど手をつけていない僕にウエイターが気を使って、声をかけにやってきた。

「いやいやそうじゃないんです」

思わず日本語で言ってしまい、すぐにスプーンを持って食べ始める。アルゼンチンタンゴまで気力は持つのだろうか。不安に陥りながら、温かいケーキに添えられ溶けかかったアイスクリームを口にした。僕は生まれ変わっても料理評論家にだけはなれないだろう。

## 13「吸うお茶と肉食文化の関係性」モンテビデオ(ウルグアイ)

肩をすぼめながら車が途切れるのを待っていた。タートルを全てクリーニングに出したのは失敗だったようだ。曇り空のせいもあるのだろうが、Tシャツの上からパーカーを羽織っただけではモンテビデオは寒い季節だった。恥ずかしながら、この旅に出るまで南米は、どこの国も年中、暖かいというイメージを漠然と持っていた。もちろんそれは間違いで、日本ほど四季がはっきりしている国はないにせよ、南米にも明らかに冬というものが存在していたのである。

道路の反対側には若い男性が立っていた。僕と同じように車が途切れるのを待っている。彼も僕と同じようにTシャツの上からパーカーを羽織っていた。しかし、彼は肩をすぼめていない。お湯の入った水筒を脇に抱え、右手に金属製のストローがささった野球のボールのような容器を持っている。ストローを口に持っていき、吸いながら、目で車の様子を確認していた。容器の中にはマテ茶が入っているのだろう。正式名称はイェルバ・マテ茶。南米で獲れる茶葉である。へちまをくりぬいた容器に茶葉を入れ、ポットから湯を注ぎ、茶葉が口に入らないように吸い口を潰したストローをさして吸う。お茶がなくなる度にポットから湯を注ぎ、何度も何度も楽しむ。茶は「飲む」か「すする」文化だとばかり思っていたが、南米の茶は「吸う」文化だった。

車の流れが途切れると彼は左右、車が来ないことを確認して、こちらに渡ってきた。僕も彼をまねて横切る。日本の地方都市にある商店街に似たモンテビデオのメインストリート。この一週間で何往復歩いたか数えきれない。ウルグアイの首都ではあるが特に何がある街でもない。ホテルのロビーにあるバーのスタッフから、なぜ、こんなに長く滞在するのか冗談交じりに聞かれたほどである。

それでも滞在していれば毎日観るものが街に落ちていた。ロビーが妙に暗い映画館でスペイン語吹き替えのハリウッド映画を、荘厳な南米最古の劇場でメキシコの作家の芝居を、芝生の整備がゆきとどいていないスタジアムでサッカーの試合を観た。これといって特別な観光名所はないが、それなりに楽しい日々を過ごしている。相変わらずひとり飯には悪戦苦闘していたけれど。

ストライキの多い市役所の前を通り過ぎるとガラス張りのカフェが現れる。気にはなっている店だが、いつも通り過ぎている。メインストリートに面しているが、少々、奥まった場所にあるせいか今ひとつ目立たない。モンテビデオの街を去る前に、その店に立ち寄ることにした。

ガラス張りのおしゃれな店だと思ったが、中に入ってみると簡素なシルバーの机と椅子が置かれているだけで、逆に野暮ったささえ感じられる店だった。アメリカの田舎町を舞台にした映画に出てきそうなぶっきらぼうな太った店員がマグカップで風味のない薄いコーヒーを出してくれるダイナーのように見えなくもない。

席まで案内してくれたのは痩せた中年の女性店員だった。決してぶっきらぼうではなく、無言ではあるが物静かな笑顔を携えていた。南米に詳しい知人からのメールにウルグアイ人はラテン系民族の中でも勤勉と書かれていたことが強く印象に残っていて、みんな真面目そうに見える。日本人の気質に似ているようにも思える。特に何もない街だが居心地がよかったのはそのせいかもしれない。

ただ、食事のメニューは相変わらず肉料理ばかりだった。アルゼンチンからウルグアイに移っても肉の文化は変わらず、鉄板で焼いたステーキから、炭火を使って網で焼いたパリジャータへ焼き方と呼び方が変わっただけのことである。それらの肉をバンズパンに挟んで食べるステーキバーガー「チヴィート」がウルグアイの名物だった。本来、「チヴィート」はスペイン語で小さい山羊《やぎ》を意味するらしいが、山羊肉を挟んでいる店に出会ったことは一度もなく、どの店も牛肉だった。

女性店員にビアと言って注文するが通じない。南米でこういったことにもすっかり慣れ、セルベッサと言いなおし、その後にチヴィートを頼む。肉が続き、げんなりする日もあったが、それも通り過ぎてしまうと逆に毎日、肉を食べることを身体が求めるようになっていた。スペイン語で書かれたメニューから料理を選ぶことが面倒になり、惰性でチヴィートを選んでいたということもある。

先に運ばれてきた生ビールに口をつけながら、窓の外を眺める。冬という季節もあるのかマテ茶を抱え、歩きながら吸う人をよく見かける。アルゼンチンでも時折、マテ茶を吸う光景を見かけたが、ウルグアイに入ってからは見かける頻度が多くなった。その光景を見ていると僕もマテ茶を飲みたくなるが、日本で言えば日本茶のような飲み物は基本的にカフェで飲む物というより家庭で飲む物なので、レストランやカフェなどには置いていない。少なくとも僕は、マテ茶の置いてある店に出会ったことはなかった。一度だけ、ブエノスアイレスで働く日本人から、マテ茶を飲ませてもらったことがある。日本茶より青臭く感じたが、肉が多い食生活を送る彼らにとってマテ茶はサラダ代わりの貴重な飲み物なのだと聞くと、その青臭さが逆に健康にいいように感じられた。何より温かい飲み物をストローで吸う感覚が新鮮だった。

ビールを半分程、飲んだ頃、料理が運ばれてきた。見慣れたチヴィートではない。皿の上に迫力のある大きなソーセージが二本並び、その上に目玉焼きのような卵が載っている。ハンバーガーのようなチヴィートとは明らかに違う食べ物だった。ひょっとするとこの店では、これをチヴィートと呼ぶのだろうか。再び女性店員を呼んで、「これは何？」と片言の英語で聞いてみようかと思ったが、注文の際、「ビア」が通じなかったことを思い出してやめた。

チヴィートとして食べればいいではないか。どうせ同じ肉なんだし。いや、待てよ。他の客に出す料理と間違えている可能性もある。食べ始めた後から取りに来たらバツが悪いではないか……といつものように二通りの自分が現れる。周囲を何気なく見まわす。僕のイメージするハンバーガーのようなチヴィートを食べている人もいれば、何かはわからないが既にメインディッシュを食べ終え、添えてある山盛りのフライドポテトをほおばっている人もいる。頬杖をついて料理を待つ一人客の男性もいる。彼が僕の目の前にある料理を頼んだことも否定できない。微妙な判断である。

安全策をとることにした。ビールを一気に飲み干し、おかわりを頼むことにしたのだ。小さく手を挙げ、女性店員を呼ぶ。空のジョッキを指してビールを頼むと同時にソーセージを指し、

「チヴィート？」

語尾上げの単語で聞いてみた。彼女は、ちらっと皿に目を落とし、一瞬、考えた後に「シー（そうです）」と強張った表情で言い、逃げるように行ってしまった。やはり、これがこの店のチヴィートなのだろうか。しかし、どこか彼女の反応は腑に落ちなかった。僕の聞いている趣旨がよくわからなかったようにも見えた。

ビールの酔いが頭にまわりはじめ、様々な可能性が走馬灯のように浮かんでは消える。次第に目の前の料理はチヴィートではないような気がした。となると、先程、僕が「チヴィート」と発音したことで、追加オーダーしたことになっているのではなかろうか。いくら身体が肉を求めるようになったからとはいえ、さすがに肉二皿はきつい。追加の生ビールを持ってきてくれる際、再確認するか。いや、これ以上、彼女と

コミュニケーションをとると余計に混乱しそうだ。

もう出てきたら出てきたで食べきろうではないか。食べられなければ残すだけのことである。腹を決めてソーセージにナイフを入れ、口に運んだ。同じ肉料理とはいえ、ステーキのような固い肉を食べ続けていたので、このソーセージ独特の柔らかい食感は新鮮で美味しく感じられた。

噛みしめながら、再び窓の外に目を移す。立ち話をしている若い男性二人組が目に留まった。一人はマテ茶の容器を持っている。それを二人で交互に飲んでいた。マテ茶をまわし飲みすることはお互い仲間であることの証になるらしい。ウルグアイ代表のサッカーチームが、チームの結束を図るためにまわし飲みをして、ウイルスまでまわしてしまい、チームのほとんどが風邪をひき、大事な試合で大負けしてしまったという話まである。

女性店員は追加の生ビールをテーブルに置き、僕に話しかけられることを恐れ、目を合わせないようにしているように見えた。最初に来た時に携えていた笑顔は消えていた。切ない気持ちになり、生ビールをすすり、マテ茶を飲む若者を見る。決して飲みたかったわけではない二杯目のビールが急に冷たく感じられた。

新しい料理が出てくることはなかったが、食べた料理がチヴィートかどうかわからないまま僕は店を後にした。そして、その数十分後、ビールを二杯飲んだ影響が出始める。寒い街中で尿意をもよおし、トイレ探し地獄が始まったのだ。

# 14「ヘヴィメタルとブラッディ・マリー」ロサンゼルス（アメリカ）

　ほっとして出たため息なのか、疲れた時に出るため息なのかわからない。ともかく長い息を吐いた。飛行時間は十三時間と長いフライトだったが、機内で過ごす時間は好きなので本来であれば苦にならない。しかし、そのフライトの間に二回の乗り換えが加わると話は別である。

　しかもトラブル続きだった。モンテビデオから飛行機に乗り、ブエノスアイレスで乗り換えれば、ロサンゼルスに到着するはずだった。しかし、モンテビデオから乗る予定の飛行機の出発時刻が早くなっていた。日本を出る数カ月前に世界一周航空券を購入した際、旅行代理店の担当者からダイヤの変更の可能性があるので、それぞれの空港に到着したら、その都度、次に出発する便の確認をしてくださいと言われていた。出発直後は言われた通りに到着した際、空港で確認していた。しかし、変更がないことが続くうちに、到着ロビーから出発ロビーに移動して確認することが面倒になり、ホテルに到着してからインターネットか電話で確認すればいいと思うようになり、それも面倒になると遂には確認すること自体を怠るようになってしまった。

こうして、モンテビデオからの出発時間の変更を出発当日に空港で知ることになる。幸いにもチェックイン締切時間間際で搭乗時間には間に合い、なんとか乗ることができた。そこまではまだよかった。

ブエノスアイレスに降り立つと今度はダイヤ変更どころか僕が乗るはずの路線自体がなくなっていた。路線変更でブエノスアイレスからロサンゼルスの便がなくなっていたのだ。

もちろん予約している客をないがしろにするわけにはいかないので、係員はあたふたしながら、出発直前のサンティアゴ行きの便に僕を放り込んだ。サンティアゴの空港で待ち受けていた係員が、再び別の搭乗口へ案内し、今度はリマ経由のロサンゼルス行きの便に僕を乗せた。一カ月にわたる南米の旅をさかのぼるように飛びながら、ようやくロサンゼルスまでやってきた。

実は、ここからもう一度、飛行機に乗らなくてはいけない。ラスベガスが最終目的地なのである。ただ、とりあえずアメリカに入ったことで気持ち的には楽になっていた。ラスベガス行きのチケットを発券してもらい、搭乗口だけ確認すると、トランクを引いて、国内線ターミナルを彷徨った。乗り換える度に出される機内食で、慢性的な満腹感はあるが何か口に入れたかったのである。正確に言えば、口に何か入れながら一息つきたかった。

日本でも見かけるハンバーガーやピザを売るファストフード店がちらほらと目につく。どこもひとり飯としては入りやすいが、人の多さと店内に使用している色の多さ、机とテーブルの隙間の狭さなど、全てが息苦しく感じられる。何よりファストフード独特の匂いは満腹感をまとった身体が拒否していた。

バーが目に留まる。ガラス張りの開放的な店には窓際で短パンTシャツ姿の太ったアメリカ人がビールを幸せそうに飲んでいた。その時、初めて自分のタートル姿に違和感を覚えた。ここは既に冬の南米ではなく、年中、暖かいアメリカ西海岸なのだ。そう認識すると途端に暑くなり、滑走路に面したバーの窓から入り込む午前中の光がまぶしく見えた。朝からアルコールを飲むのも悪くはない。誘われるように店内に入って行く。

窓際の席は埋まっていたので、天井から吊り下がったテレビに近い席にリュックとトランクを置き、パーカーとタートルを脱いでTシャツ一枚になった。いきなりさらけ出した腕に冷房の冷気を感じ、鳥肌が立つ。再度、Tシャツの上からパーカーだけを羽織ってからカウンターに向かう。代金を先に支払い、飲み物を受け取るキャッシュオンタイプのバー。

カウンター近くの席で髪の毛の薄い中年男性が新聞を読みながら、赤いカクテルを飲んでいた。マドラー代わりにセロリがささっている。名前がパッと浮かばないが、蒸留酒をトマトジュースで割ったカクテルであることは憶えている。

カウンターでは一人の中年男性が注文しようとするところだった。「ブラ……メァリー」と彼の注文する声が聞こえ、先程の赤いカクテルがブラッディ・マリーだと思い出す。同時に名前の背景も芋づる式に思い出した。イングランドの女王メアリー一世が女王に即位した後、プロテスタントを大量に処刑したことにちなんで名づけられたと言われている。つまりトマトジュースは血を意味していた。

ブラッディ・マリーで知られる店なのか、たまたま注文が続いているだけなのか、それとも他のカクテルでもセロリを使うのか、キッチン台の上には、セロリが山積みになっていた。

カウンター内で、客の対応をしている若い男性は注文を受け、飲み物を作り、会計して、手渡すまでの流れを全て一人でこなし、それぞれの動きが大袈裟だった。まるで高性能のモップを売る通販番組に出てきそうなアメリカ人だった。

ブラッディ・マリーと正しく発音する自信がなかった僕は、「ジス　ワン」と言いながら、彼が手にしたカクテルを指し、その後に数字の1を指で作る。

「オーケー！」

一対一で会話するには、少々、大きい声が返ってきた。

グラスにウォッカを注いだ後、トマトジュースを入れ、タバスコやコショウをリズミカルに振り、最後の仕上げにレモンとセロリがぶち込まれた。料理番組のショーでも見ているような手際のよさである。このくらいのテンションがないと、同じ飲み物を延々と作っていくモチベーションは保たれないのだろうか。

彼のパフォーマンスに見とれ、支払いの準備をすることを忘れていた。ウエストポーチから急いで財布を取り出し、南米の国の様々な紙幣で埋まった中から10ドル紙幣を探し出す。

「サンキュー」

子供ショーに登場するお兄さんのような作り笑顔で釣り銭と一緒にブラッディ・マリーを渡してくれた。

短い足の僕には座りづらいバーチェアに座り、背筋を伸ばして、背の高い分厚いグラスに口をつけた。トマトの味がしたと思ったら、その後にウォッカ独特の風味が鼻から抜ける。トラブル続きの長い道のりを振り返りながら、再び細く長い息を吐いた。

テレビではカーレースのクラッシュシーンが流れた後、大リーグのダイジェスト番組が始まった。サッカーが中心の南米から野球の盛んな国に入ってきたのである。ファインプレーや監督の抗議のシーンなど次々に流れる短い映像を眺めているうちに、普段、聞かないヘヴィメタルの音楽が無性に聞きたくなった。

クラシックで気持ちを静め、リラックスすることもあるが、ヘヴィメタルの激しいドラムで気持ちを高め、リラックスすることもある。僕にとって、リラックスとヘヴィメタルは意外に相性がいい。健康的なトマトジュースとアルコール度の高いウォッカを合わせてカクテルを作るように。

ノートパソコンの音楽ソフトの中にロサンゼルス出身のヘヴィメタル・バンド「メ

タリカ」のアルバムが入っていたはずである。リュックからノートパソコンを取り出し、起動させ、聞いてみることにする。

ヘッドホンから流れるヘヴィメタルと朝のウォッカ。一気に身体が熱くなり、顔が火照り始める。パーカーを再び脱いでTシャツ一枚になる。旅の疲れによる気だるさからアルコールによる気だるさに移っていく。空港に辿りつくまでの様々なトラブルが、ドラムの音で粉々になって消え去り、卵が割れるような開放感が立ちのぼってきた。結局、アルバム一枚を聞き終えていた。

ハッと我に返り、携帯電話に表示された世界時計を見る。搭乗時間が迫っていた。これからもう一度、飛行機に乗るのだと思うと少しげんなりした。

## 15「外気40度で食らふメインディッシュ」ラスベガス(アメリカ)

三日前に訪れた場所と同じ場所とはとても思えない。高級ホテルが建ち並ぶ「ストリップエリア」から、バスで十分程の場所に位置する「フレモント・ストリート」は夜間のイルミネーションのショーで知られるアーケード街。音楽に合わせ、LEDで敷き詰められたアーケードの天井スクリーンに「AMERICA」という文字が流れ、アメリカの国旗などの映像が流れていく。様々な技術が世界中に溢れる現代では決して珍しいショーではないかもしれないが、実際にその映像に触れると圧巻である。イルミネーションの上映時間に合わせて訪れる人も多く、アーケード街はお祭りのような賑わいだった。

しかし、昼間は地方の寂れた商店街のように閑散としている。ところどころにカジノもあるのだが、ストリップエリアにある高級ホテルのカジノに比べると華やかさは少なく、型の古そうなスロットが置かれ、お客もまばら。古きよき時代のアメリカが残っているとも言えるのだろうが、年齢不詳のスナックのママと翌日の昼間にノーメイクでばったり会ってしまったような感じにも映る。

食事をする場所を探していた。とはいえ食欲がない。この数日間、一日二食の生活が続いている。気づいたらスターバックスのシナモンロール一個しか口にしていないという日もある。ほんの一週間程前まで南米で肉を求めていた同じ身体とは思えない。だからと言って体調が悪いわけでもない。よく眠れているし、毎日、いつものようにぶらぶら歩くには何の支障も感じなかった。単にお腹が空かないだけなのだ。

電光掲示板の温度計は41度の表示。アフリカのブルキナファソで40度以上を体験していたが、土の路面が多かったせいか体感温度は全く違う。アスファルトの照り返しが強いラスベガスは上からも下からも熱が襲い、まさに灼熱地獄の街である。食欲がないのはこの暑さも原因なのだろう。

ほんの百年前までこの街は砂漠だった。二十世紀初頭の大恐慌の後、税収確保のためこの場所でカジノを合法化した。カジノを主体とした街づくりが本格的になったのは第二次世界大戦後のことである。映画の題材にもなったことのあるベンジャミン・

シーゲルがカジノホテルを作り、収益があがることがわかると次々にマフィアが押し寄せ、ホテルの建設ラッシュが始まり、今日にいたる。

華やかな装飾で覆われた建築物が建ち並び、街全体がテーマパークのように感じられ、最初の数日は興奮していた。しかし、虚飾感漂う景色とカジノとショーで夜も眠らず動き続ける街に浸っているうちにぐったりしてしまった。目と耳に満腹感を覚える奇妙な感覚だった。次第に飲食店に行く気までも奪われた。そういう意味においては昼間の閑散としたフレモント・ストリートのアーケードには生活の匂いが漂い、ほっとさせられる部分もある。

アーケードからはずれた通りに本日のおすすめ料理が黒板に書かれた小さなレストランを見つけた。おすすめのステーキは、とても食べられそうにないが、この街の住人が利用している雰囲気に惹かれる。街の色使いや電飾に疲れた目には店内が暗いことも魅力だった。今までの僕であれば、暗い店は入りづらく、地元の人が集まりそうな店は抵抗感があり、避けていたはずだが環境によって入りやすさと入りづらさの条件が簡単に変わってしまう。

ロの字形のカウンターを中心にした奥行きのある店内は外光とカウンターの中に設

置されたテレビが主な光源だった。地元客らしきキャップ帽をかぶった太った中年男性はカウンターに座ってステーキを食べ、中年の女性二人組はカウンターの脇にある小さなテーブル席で向かい合うようにしてコーヒーを飲んでいる。女性二人組はどこかくたびれた顔をしていた。ひょっとすると彼女たちもラスベガスの喧騒に疲れ、この店にやってきた観光客なのかもしれない。

出口に一番近いカウンター席に座ると奥から黒いベストを着た若い男性店員がメニューを持ってきた。ヨーロッパに滞在していれば、Tシャツに短パン、サンダルの自分の姿と店員との服装のギャップに気後れするだろうが、不思議とラスベガスでは徐々に、どうでもよくなっていた。さすがにホテル内の劇場で開催されるショーを観に行く時はジャケットを羽織るが、そこでさえもTシャツ、短パンでやってくるアメリカ人は決して珍しくない。もちろん、この暑さが原因だが、アメリカ人の自由度とラフ度が混じり合っている部分が根本にあるような気がする。

この街に来てから一番多く飲んでいるアメリカ産のビール「ミラーライト」を注文する。ベストを羽織りながら、カウンターへ中年男性が一人入ってきた。ちょうどこれから勤務時間が始まるのだろうか。若い店員から僕の注文を聞くと、すぐにカウンター越しに紙ナプキンを二つ折りにしてコースター代わりに敷いてくれた。そして、その上にミラーライトを置く。グラスは添えられておらず、小瓶をそのまま口に持っていって飲むスタイル。暑い街のカジュアルな飲み方と店員がお揃いの黒いベストを着ていることがミスマッチに思えるが、それもまたアメリカらしく思える。

しつこくない苦みが口の中に広がる。この暑さにはしっかりした味のビールではなく、サラリとしたビールを身体は求めるようだ。

ビールで胃を刺激するが、相変わらず食欲は湧いてこない。結局、スープとサラダのセットを頼む。サラダを主食にするなど人生の中で記憶にない。今だったらダイエットも楽にできそうだ。しかし、ウエストは全く細くなっていなかった。逆に旅に出た時にはウエストに余裕があったパンツがこのところきつい。いわゆるビール腹というものだろうか。

店内に設置されたテレビでは大リーグ中継が始まり、それぞれのチームの先発投手が発表された。レッドソックスの先発投手に松坂投手の名前が流れ、スタンドで応援する日本人の若い男女のグループが映し出される。彼らは日本の国旗を掲げていた。スタジアムのビジョンに自分たちが映っていることに気づき、カメラを探しながら上下に旗を揺らす。その光景を見ながら、日本では国旗をあしらったデザインの商品をほとんど見かけないことを改めて認識した。少なくともアメリカのように国旗のデザインをベースにして帽子やTシャツを作ったり、イルミネーションのショーを演出したりすることはない。もちろんアメリカの国旗がデザインに使いやすいということも理由にあるだろうが、国旗を使って自国が好きだということを照れることなく表現する国であり、それがアメリカ人の国民性でもあるのだろう。

小皿に載せられたパンとクリームチャウダーが運ばれてきた。小さなビニール袋に入った市販のクラッカーが添えられている。本来であれば、クラッカーを割ってスープに入れて食べる。しかし、今はスープに固形の物を入れる気にはなれない。スプーンでクリームチャウダーをすくって一口含む。生クリームの味が口の中でまとわりつく。味噌汁が懐かしい……そう思ったのは、この旅に出てから初めてのことだった。

二本目のビールを注文した。お腹は空かないが、ビールは身体が欲している。ビールのせいで空腹感が満たされているのだろうか。近くに置かれたパンにも手が伸びない。それどころかテーブルの上に置かれたメインディッシュのサラダでさえもなかなか減っていかなかった。にんにくの入ったホワイトドレッシングは食欲をそそるが、サラダの上に載っているパルメザンチーズが食欲を減退させる。本来、チーズは好きなはず。それが、この暑さのせいでチーズの匂いが嫌な臭いに変わり、食欲が湧いてこないのだ。

　野球選手には食欲がない時というのはあるのだろうか。淡々と投げる松坂投手の背中を見ながらそう思った。以前、マリナーズのイチロー選手のドキュメンタリーを観ていたら、彼は毎朝、奥様の手作りカレーライスを食べると伝えていた。その時に流れた映像を思い浮かべると口の中の唾液の量が急に増えた。食欲がないはずなのに、カレーは欲している。インドのカレーではなく、小麦粉の入った日本独特のドロッとしたルーが載ったカレーライスである。

　この旅に出てから四カ月が経つ。西アジア、北欧、東欧、西アフリカ、ヨーロッパ、南米……そしてアメリカ。たいていどこの国にも日本食はあったし、時には立ち寄ったりもした。しかし、日本のカレーライスに出会ったことはない。カレーライスの次に味噌煮込みうどんが頭に浮かんだ。ざるそば、塩ラーメン、牛丼……日本に戻ったら食べたい料理が続々と頭の中に浮かんでは消えた。ひょっとすると僕の胃がホームシックになっているのかもしれない。

## 16「ビタミンT入りの朝食」メキシコシティ（メキシコ）

街の清掃が治安に影響を与えると言った人がいたことを思い出した。チャップルテペック駅で電車を降りると清掃員がモップでホームの床を拭いていた。まるで治安の悪い雰囲気まで拭いとっているように見える。メキシコシティの地下鉄は車両こそ古いが予想以上にきれいだった。そのせいか悪いと言われる治安の不安を感じさせない。もちろん夜は地下鉄に乗らないようにしているし、ウエストポーチは斜め掛けにして脇の下に挟むなど、スリにも気をつけている。最低限の自己防衛さえしておけば、全区間均一料金というわかりやすい値段設定の地下鉄は僕にとって便利な移動手段になる。

改札を抜け、地上に上がると活気に満ち溢れた朝の光景が現れる。ブルーシートで作られた屋根の下では衣料品や雑貨品を売る露天商が建ち並び、ビーチパラソルを開いた店からは湯気が立ちのぼっていた。その湯気に吸い寄せられるように大柄で横幅のある……、つまりものすごく太ったメキシコ人が朝食を物色していた。

アメリカやイギリスと並んで三大肥満国に入るメキシコでは、

「ビタミンTを摂りすぎた」

とお腹をさすりながら冗談交じりに言うことがあるらしい。メキシコ料理にはタコス、トルティーヤ、トスターダ（トルティーヤを揚げたもの）、トルタ（メキシコ風サンドイッチ）など頭文字にTがつくものが多く、どれもカロリーが高い。そのカロリーの高い「T」のつく食事を総称してビタミンTと呼ぶ。

大きな寸胴鍋から立ちのぼる湯気越しに視線を感じる。僕に対する視線もすっかり慣れた。黒髪が多いメキシコ人の間では金髪の東洋人は目立つのである。

視線の主は紺色のエプロンをかけた中年女性だった。あくまで好奇心の目であって攻撃的ではない。逆に口元には好意的な笑みさえ浮かべていた。彼女もビタミンTを摂りすぎたような体型だった。目元や鼻筋がはっきりしていて……いや、顔ツヤや皺の感じからすると実は中年女性ではなく、意外に若い女性のようだ。髪型と化粧によっては、かなり美人になるのではないだろうか。その前に多少、脂肪を落とした方がいい……と全くもって大きなお世話なのだが。

僕は人見知りと場所見知りは激しいが、相手からコミュニケーションのきっかけをいただければ笑顔で返すことくらいはできるし、近寄っていくことだってできる。彼女の笑顔に対し、軽く会釈しながら、恐る恐るではあるがビーチパラソルの下まで足を踏み入れる。底の深い寸胴鍋をのぞく。蒸し器。とうもろこしのような物体が、まるで牛乳瓶が刺さっているかのように規則正しく並べられている。

茶色くなったとうもろこしの葉でくるまれた中身は、インターネット上で見たメキシコの食べ物「タマレス」だった。またもやTから始まるビタミンTの食べ物。メキシコの朝食の定番で、とうもろこしの粉にラードを塗り込んだ食べ物である。ラードと聞いた時点でカロリーの高さが想像できる。肉まんのように中に鶏肉など様々な具を詰め込み、とうもろこしの葉で包んで蒸す。美味しそうだが朝食には重そうだ。

ラスベガスからこの街に移ってから食欲は戻っていた。最高気温が20度程度とラスベガスの気温の半分というメキシコシティの気候のおかげだろう。それに加え、日本に戻る日が数日後に迫っていることも大きい。馴染みの日本食を食べることができる日が近づく安心感と旅の終わりが見えた充足感から湧きだす食欲もあるのか、メキシコの残りの滞在日数に反比例するように食欲は増していった。ただ、それでも脂っこそうなタマレスの朝食はさすがにきつい。

女性は口に出さないが、眉毛と目で「どう？　食べてみない？」と誘っているように見える。僕は状況に流されやすく、誰にでもいい顔をしようとする。気づいたら、タマレスを指し、指で1を作り、いつものようにボディランゲージで注文していた。

彼女は嬉しそうに青い紙皿の上に紙ナプキンを敷き、タマレスを載せた。タマレスからラードがしみだし、既に紙ナプキンは油で滲んでいる。それを見ただけでも胃がもたれそうだった。もし、全部、食べられそうになければ、次の約束があるかのように持ち去り、ゴミ箱に捨てよう。申し訳ないがそう思った。

彼女はとうもろこしの葉をめくり、プラスチックのフォークを添えながら、目で何やら問いかけている。スペイン語で僕に投げかけてもわからないだろうと全ての意思を目で伝えようとしているのだ。彼女は近くで食べている見事なビタミンT体型の中年男性を顎で指した。タマレスがホットドッグのソーセージのように切りこみの入ったパンに挟まれていた。パンより挟まれているタマレスの方が大きく、ボリューム感満点である。

タマレスだけでもきついと思っているのに、パンで挟むなど考えられない。10ペソ（約70円）のコインを渡しながら、断れない僕もさすがに笑いながら手を振った。

「そりゃそうだわよね？」

といった表情で彼女は僕の体型を精査するようにうなずいてコインを受け取り、エプロンのポケットの中の小銭を探った。この国にいれば、僕のようなメタボ気味の中年男でも痩せている部類に入るのかもしれない。

「グラシアス（ありがとう）」

3ペソのコインを返しながら彼女はつぶやいた。コミュニケーションをかなりとった気がしたが、この時に初めて彼女の声を聞いた。声帯の周囲が脂肪で圧迫されているのか、少々、かすれ気味の低い声だった。

ずしりと重みのある皿を受け取りながら、僕も彼女と同じ「グラシアス」の言葉を口にする。初めて言葉を交わし、言葉の通じない者同士が一仕事を終えた後の空気が流れ、お互いホッとした顔で笑い合った。

紙皿の上のタマレスにフォークの端をナイフがわりに使って切り入れる。手ごたえがあるのかないのかわからない。ういろうとロールケーキを足して二で割ったような感触を覚える。一口サイズに切り取って口に放り込む。嚙みごたえがあるのかないのかわからない。マッシュポテトとおからを足して二で割ったような食感が口の中に広がる。

くどいかなぁと思ったが、意外にそうでもない。トマトを使ったサルサソースで味付けされた鶏肉の具が食欲を増進させる。多くのメキシコ料理にかかっているサルサソースは日本で言えば醬油やソースにあたるようでどんな料理にもかかっていることが多い。

隣のビーチパラソルのパン屋の屋台にも人がたかっていた。砂糖をまぶした見た目からして甘そうな菓子パンが山積みになっている。小柄でボクサーのような体つきの男性が眉間に皺を寄せながらパンを物色していた。メキシコはボクシングが盛んな国でもある。よってビタミンT体型ばかりではなく、引き締まったボクシング体型の方も時折、見かける。大人の男性が眉間に皺を寄せながら、険しい目で菓子パンを選ぶ光景はどこか微笑ましい。

ボクシング体型の男性の向こうには、これまた見事なビタミンT体型の男性が砂糖だらけの大きなパンにかぶりついていた。朝のメキシコシティの気温は10度台であるにもかかわらず、ノースリーブTシャツ姿だった。彼は右手に持った大きな甘いパンと左手に持った白いカップに入った飲み物を交互に口にしていた。カップの中身はアトゥーレと呼ばれるメキシコ人が、よく口にするこれまたカロリーが高そうな甘い飲み物である。ストロベリー味やココア味などがあるが、原料は、こちらもとうもろこし。粉にしたものを葛湯のように溶かす。標高2000メートルの高地にあるメキシコシティは飲み物やスープが冷めやすい。だからこそ冷めにくい葛湯のようなアトゥーレが生まれたのかもしれない。

「メキシコの葛湯かぁ」

旅の間に登場する食べ物を何かにつけて日本で馴染みの食べ物に置き換えている自分を自嘲気味に笑った。インドのカレー、ネパールの餃子、フィンランドの揚げパン、リトアニアのじゃがいも料理、ブルキナファソのサンドイッチ、ベルギーのエビ炒め、チリのホットドッグ、アルゼンチンのステーキ、ウルグアイのソーセージ、アメリカのサラダ……四カ月の間に食べてきた料理は日本語で書くと珍しい料理など一つもない。しかし、明らかに日本の料理と違う。何度も書いているように僕は決してグルメではなく、どちらかと言えば味に鈍感である。しかし、そんな僕でさえも油一つ、調味料一つで全く違う料理になることを、この旅の間に身をもって感じている。もちろんそこには食べる時の周囲の空気の違いも加わる。そういった違いこそが旅の楽しさだと思う。ただし、これが今回のように長期の旅になると自分の馴染んだ味付けから離れることのつらさが、身体や精神にボディブローのように効いてくることも、よくわかった。

旅を振り返っているうちに食べるスピードは遅くなり、タマレスが少し冷め始めている。ラードは冷めたらとても食べられそうにない。急いで残りのタマレスを口に放り込み、完食をアピールするように紙皿を彼女に返した。彼女はタマレスで膨らんだ僕の頬を見ながら声を出して笑った。ビタミンT体型に笑顔はよく似合う。

## 17「ビール女が注ぐビールの味」シンガポール

世界一周を終え、一旦、日本に戻った。一ヵ月程、様々な人に誘われ、日本食を食べ歩いていた。勝手なもので、しばらくすると今度は旅中のひとり飯が妙に懐かしくなってくる。「懐かしさ」はいつしか「また行きたい」に変化していた。

振り返ってみると東南アジアに全く触れていないことも心残りだった。そこで今度は半年ほどかけてアジアをまわってみたくなった。世界一周は全て飛行機移動の「点の旅」だったが、今度は飛行機だけではなく、バスや電車など陸路を使って、「線の旅」を満喫しながら、世界一周のスタート地点になったインドのデリーまで戻ってみよう。

お金をかき集め、再び日本を出発して、シンガポールに入った。

「どうして韓国や中国からではなく、シンガポールからなの？」

出発直前、周囲から「また行くの？」と不機嫌そうな顔で言われた後、たいてい聞かれた質問である。特に理由はない。日本に戻っている時に誘われたパーティーで、たまたま紹介された風水師からシンガポールは今年の吉方位ですよと教えられ、たまたまシンガポールに知人がいたという「たまたま」が二つ重なり、やってきただけである。正直、きっかけさえあれば、アジアなら、どこからでもよかった。

華人の女性たちは客席を歩きまわりながら、テーブルの上の様子をうかがい、空のビール瓶を見つけると、

「ビア？」

と聞きながら、ビールの注文をとっている。なくなりかけているビール瓶を手にとり、ジョッキグラスにビールを注ぎ足し、空のビール瓶を振りながら注文を聞く女性もいる。一本売るごとにつき、報酬をもらうシステムでもあるのだろうか。そうでもなければ、ここまで熱心にビールを勧めることはないだろう。僕は彼女たちのことを美女ならぬビー女（ビージョ）と名付けた。

小さな飲食店が集まる場所をシンガポールではホーカーセンターと呼ぶ。一見、フードコートと同じように思えるが、フードコートと呼ぶ場所はまた別にあるらしい。

ホーカーセンターの方が庶民的な料理が食べられるという曖昧な定義があると言う人もいれば、人によって呼び方が違うだけと答える人もいる。何が違うのか今ひとつわからない。

どちらにせよひとり飯で入るには気楽である。世界一周している間に「ふらりひとり飯」の苦手意識は払拭された……と言いたかったが、全くと言っていい程、変わっていない。相変わらず、店の扉を開けるもしくは中の見えない店の入口をくぐる瞬間を考えるだけで足がすくむ。しかし、フードコートもしくはホーカーセンターであれば、フロアに立った瞬間から既に店内に入ったことになるので、いつもより気は楽である。結局、メニューを選ぶ＝店を選ぶということになるので、ハードルがあることにはかわりないのだけれど。

実は本日はひとり飯ではない。シンガポールをスタートにするきっかけになった現地在住の日本人が後から合流する。この場所は彼の指定だった。「広いし、食べ物の種類も多いですよ。しかも庶民の味が楽しめるし……」と書かれていた彼のメールの文面から、ある程度広い場所を想像していたが、それ以上に大きなホーカーセンターだった。倉庫のようなスペースに五百名以上は着席できる椅子とテーブルが並んでいる。中央に建ち並ぶ五十程度ある店舗ではサテと呼ばれる焼き鳥やヨンタオフーと呼ばれるおでんのような料理、おかずをご飯の上に載せた丼物のような食事からデザートまで様々な店が並んでいる。

注文する際にお金を支払う店もあるが、自分の座った場所を指し、できあがると店員がテーブルまで持ってきてくれ、それから支払う店もある。よくこれだけ広い場所にもかかわらず、注文客の場所を覚えていられるものである……と思ったら、テーブルに番号札がついていて、それを客が店員に伝え、伝票にメモしているようだ。

若い男女のカップルから仕事帰りらしき男性グループ、同窓会のように盛り上がる老人グループと老若男女で賑わっている。この国は共働きが多く、家で食事を作らない家庭も多いせいか家族客も多い。まるでお祭りのように様々な空気でごったがえしている。誰も人のことなど気にはしない。ましてや華人、マレー系、インド系などが混在する複合民族国家で観光客も多い国なので金髪の日本人の僕が入ったところで見向きもしない……と思っていた。

ある程度、ホーカーセンターを物色した後、空いているテーブルを見つけて席に座った。待ち合わせの時間まで少し時間があるので、ビールでも飲もうと思ったのだ。

すぐに僕と同じ金髪の中年女性、いや、金髪のおばちゃんと呼んだ方がいい女性が声をかけてきた。フードコートの中では一番と言ってもいい程、年増でしかも派手な黄色のTシャツを着たビー女である。僕が金髪にしているからかもしれないが、華人が金髪というのは、やはり目をひく……。待てよ。ということは僕も周囲からこう見えているのかもしれない。そう思ったら、急に周囲の視線が気になり始めた。

「日本人ですか？　ビール？」

外国人独特の発音ではなく、きれいな日本語の発音だった。おばちゃんの金髪より日本語を発することの方がインパクトは大きい。思わず顔を凝視し、華人なのか日本人なのかを見極めながら、「は、はい」と日本語で答えてうなずく。フードコートとホーカーセンターの呼び方の違いのように日本人と華人の違いは感覚でしかわからないが、おそらくおばちゃんは華人であろう。

おばちゃんビー女は、鼻歌交じりにテーブルに空のジョッキとシンガポールのビール「タイガー」を運んできた。

飲み物はテーブルで頼む度に支払うようだ。一本5シンガポールドル（約300円）。食事が200円程度で食べられることを考えると、少々、割高に感じられる。

日本円から両替したばかりの50シンガポールドル紙幣を渡すと、おばちゃんビー女はウエストポーチからお釣りを出し、机の上に置いた。

「またおばちゃんに頼んでね〜」

流暢《りゅうちょう》な日本語で言うと去って行った。キンキンに冷え、汗をかいているビール瓶をジョッキグラスに注ぎ、一気に飲み干した。

どうやらビー女はフードコート内の自分のテリトリーが決まっており、その範囲内をぐるぐるとまわっているようだ。確かにその方が目は届きやすいし、効率もいいのだろう。

「ビール大丈夫？」

金髪のおばちゃんビー女が再び声をかけてきた。僕は、アルコールは大好きだが決して強くはない。彼女に勧められるままどんどん飲んでしまうと知人が現れる前に酔っぱらってしまいそうだ。

夕食の時間帯ということもあり、巨大な客席はどんどん人が多くなっていく。中国語が飛び交う中に時折、シングリッシュと呼ばれるシンガポール独特の英語で会話する声も聞こえてくる。

ビー女の数も増えてきた。僕の席の近くには若いビー女がうろうろするようになった。彼女は僕のジョッキのビールが少しでも減るとすぐに注ぎ足しにやってくる。一口飲んだだけでもすぐに注ぎ足されるので、徐々にわんこそば気分になり、だんだん落ち着かなくなってくる。金髪のおばちゃんビー女は声をかけるが決してビールの注ぎ足しはしなかった。人の飲むペースを尊重するところがあり、どこか余裕が感じられた。それが年の功というものなのかもしれない。

その金髪のおばちゃんビー女は、いつのまにか僕の隣のテーブルに座っているおじさまたちに混じって一緒に飲み始めていた。中国語で楽しそうに話しながら。テーブルの上には既に空のビール瓶が一ダース近く並んでいた。日本であれば空の瓶は片づけていくのだが、ここでは飲んだ分だけビール瓶を机の上に並べていく。自分たちの飲んだ酒の量を一目で確かめられるようにしているのだろうか。空のビール瓶の数が多い場所はそれに比例して声が大きい。

若いビー女のわんこそば注ぎの成果が現れ、遂に僕のビールがなくなった。

「ビア？」

若いビー女はのぞきこむようにつぶやいた。僕は断れなかった。既にアルコールが身体を巡り火照った顔で「イエス」と答えていた。

「ひどいよ。おばちゃんに頼んでよ〜」

隣で飲んでいたおばちゃんビー女がヤジを飛ばすようにからんできた。

彼女にビー女について尋ねてみた。推測通り、若いビー女たちは基本給とは別に一本のオーダーにつき「20セント（約12円）」の報酬をいただくのだそうだ。

「おばちゃんは、マージンをもらえないんだよ〜」

どう見ても関西のおばちゃんにしか見えない年増の金髪ビー女は顔をくしゃくしゃにして泣き出しそうな顔で言った。マージンがもらえないのは歳のせいかと同情しそうになったが、よくよく聞いてみると、実は、このおばちゃんこそがビー女を仕切っている元締めだった。

## 18「笑わない薬膳鍋屋」コタバル（マレーシア）

街中に設置されたスピーカーからコーランを読み上げる声が聞こえる。イスラム教徒の女性は手首や顔以外の肌や髪を露出することが禁じられているため、街を歩く女性のほとんどが長袖の服を着用し、髪の毛はトドン（頭巾）で覆われていた。昼間は気温35度まで達するというのに。

首都クアラルンプールでは多民族が入り組み、観光客も多いので宗教を意識することはほとんどなかった。しかし、マレーシアの北部、タイとの国境付近の街コタバルに来てからは、マレーシアの国教はイスラム教であることを改めて感じる。コタバルはマレーシアの中でも特にイスラム教色が強い街。

イスラム色が強い街であれば、当然、食事にも影響してくる。まず、豚肉を食べることはできない。とはいえ豚肉が食べられなくとも、鶏肉などは食べることができるので、さほど困るわけでもない。問題は飲酒が禁止されていることである。イスラム教徒の飲酒が見つかって鞭打ち刑が執行された例まである程、厳しいのだそうだ。この街に滞在中は酒が飲めないものだとあきらめていた。たまには飲まない生活もいいだろう。

しかし、散歩していると壁にビールのポスターが貼られている食堂を見つけた。シャッターで開け閉めするだけの車庫のような店内では華人の中年男性と若い男性の二名が、道路側に背を向けて食事中だった。中年男性のテーブルにビール瓶が置かれているのが目に留まる。一瞬、驚いたが、考えてみれば当たり前である。いくらイスラム色が強い街とはいえ、イスラム教徒ではない華人も住んでいて、僕のような観光客もいるのだからビールを飲むことができる店があっても不思議ではないのだ。

酒は飲めないものだとあきらめ、たまにはいいのかもしれないと思っていたはずなのに、「僕は、イスラム教徒じゃないからねぇ」とつぶやく都合のいいもう一人の自分が現れる。

店の入口付近の一畳程度の一角を分厚いビニールでできた壁で覆い、その中で店主らしきがっちりした体型の華人の男性が、身体には似合わない細かい動きで野菜を切っていた。まだ夕食には少々早い時間のせいか、仕込みも一緒にしているのだろう。何年も笑顔を見せてないと言われたら信じそうなくらい無愛想な店主だった。本来であれば、それだけで僕のひとり飯のリストからはずれる……というより入ることができない。しかし、この街でビールを飲むことができる店というだけで入りにくさの壁はいとも簡単に崩れ去った。

ふらふらと店内に入り、外に一番近いテーブル席に座る。しかし誰も注文をとりに来る様子はない。先に注文して支払うシステムなのだろうか。店内には店主以外に誰も見当たらないところから察すると彼に注文するのだろう。客と目が合えば、注文に困った素振りをしながら、ボディランゲージで聞くこともできるが、どちらの客も僕に背を向けた状態では聞きようがない。彼らの前にまわり込んで聞くくらいだったらそのまま店主のところに行った方が早い。

一旦、席を立ち、店主が料理している場所へ近づいていく。ビニールの壁には小さな料理の写真と小さなメニューが貼ってある。色が褪《あ》せてしまった料理の写真。鍋料理であることはわかっても鍋の中身まではわからない。メニューは三つのみ。マレー語ではなく漢字で書かれていた。「牛」「鳥」「焼」「蒸」など素材や調理法が予測できる漢字は使われておらず、「骨」「茶」「雛」など想像がつきにくい漢字ばかりが使われ、見当さえつかなかった。

横一面に並べられた火のついていないコンロの上には小さな一人用の空の土鍋がそれぞれ置かれている。コンロの脇には素材が入ったボールの器が置かれ、その中に野菜や肉が放り込まれていた。店主は僕が近寄っても顔をあげてくれない。外国人とは関わりたくないという頑《かたく》なな空気を感じる。不自然なくらい黙々と野菜を切り続けていた。こうなると僕も意地である。何としても彼の料理を食べたい。いや、本心はビールが飲みたいだけ。彼の視界に入るように手を出し、土鍋を指した。彼は顔もあげぬまま、一言ボソッと何やら言った。何と言ったのか全くわからない。ただ語尾がかすかにあがっていたので質問したのだろう。しかし、「ホワット?」もしくは「パードゥン?」などと逆に聞き返したら、二度と返事が返ってこないような気がした。質問がわからないまま「イエス」と答えた。彼は細かく二度うなずくとすぐにコンロの火をつけた。第一段階クリア。

「アンド……」と口に出し、ビールを頼もうとした瞬間、店の奥の方から中年の女性が現れる気配を感じた。店主の奥様だろうか。彼女は僕に気がつくと、笑顔で「何か飲みますか？」的にコップで飲む仕草をした。彼女に救いを求めるように店主からすぐに彼女の方に身体の向きを変え、壁に貼られていたビールのポスターを指した。

簡素だが、がっしりしたテーブルの上に置かれたグラスにビールを注ぐと、一気に喉に流し込む。飲めないと思っていたビールだけに格別に美味しく感じられた。コップに注いだビールを一気に二杯飲み干し、三杯目を注ぎ、ゆっくり飲んでいると鍋が運ばれてきた。とろみのある黒い液体上のスープの中に鶏肉と野菜が入り、上にハーブが載っている。プラスチックのレンゲでスープをすくって口にする。漢方薬のような苦みはあるが決して不味くはない。

ビールも鶏肉も満喫し、支払いを奥様に済ませ、ホテルに戻ると、早速、食べた料理をインターネットで調べてみた。バクテーと呼ばれる骨付きバラ肉（僕が食べた店は鶏肉だったが）や内臓を漢方薬のスープで煮込んだマレーシアやシンガポールの料理に近い。漢字で「肉骨茶」と書く。

翌日も同じ時間帯に同じ店に向かった。バクテーが目当てというよりはビールが目当てだった。この店に三種類のバクテーがあることまではわかった。しかし、相変わらず文字だけが並べられたメニューを見ても鍋の中身はよくわからず、前日に、どのバクテーを頼んだのかさえわからなかった。

僕がじっと写真を見つめていると店主が顔をあげた。鋭い視線で、こちらを睨みつける。体格のいい華人に包丁を持ってぎょろりと見られることが、これほど怖いとは思わなかった。恐る恐る彼の目の前に貼られた三つのメニューの真ん中に書かれた文字を指すと彼は上目づかいで、僕が指したメニューを確認し、前日と同じように細かく二度うなずき、コンロの火をつけた。そして、前日と同じように奥様にビールを頼み、飲み始める。この日は店主が作る様子が何となく視界に入るテーブルに座り、店主の様子を眺めていた。

コンロに一人分の小さな土鍋を載せるとあらかじめ作られた漢方薬を煮込んだスープを入れて煮立たせる、その中に切った肉と野菜を入れ、火加減を調節しながら、できあがる直前に手元においてある薬味を入れた。その手際のよさには職人肌といった雰囲気が漂い、無愛想がよく似合った。前日のメニューとは違い透明なスープのバクテーだった。しょうががたっぷり入り、これまた美味しく身体に優しい味だった。

いつしか毎晩のように、この店に通っていた。ビールが目当てだったのが、いつしかバクテーも僕のコタバルの夕食にはかかせなくなっていたのである。日中の暑さで疲れた身体が薬膳料理を求めていた。

結局、どの漢字の料理が、どの料理なのかは、はっきりわからないままだった。三つ書かれたメニューの右が黒いドロッとしたバクテー、真ん中がしょうが味の透明スープのバクテー、左がピリッと辛く少し酸っぱい感じのバクテーと憶えて注文した。

コタバルを発《た》つ前日の夜も、この店を訪れた。客は二組。いつもと同じ雰囲気だ。この店はいつも満杯というわけではないが、途切れることなく、コンスタントに客が訪れていた。ほとんど華人だったが時にはマレー人らしき客も見かける。

初日に食べたとろみのあるこってり系の黒いスープのバクテーを選んだ。いつものようにビールを飲みながら、食べ終える頃、客が一旦、途切れ、僕だけになった。店主は料理場を離れ、奥様がいつも待機している奥の場所で立ったまま休んでいた。奥様が何気なくお茶の入ったコップを手渡す。店の外を向いて並び、通る人や車を眺めながら、コップに入っているお茶をすする。彼らの間に会話はないが、何年も二人で過ごしてきた穏やかな時間が想像できた。

残ったビールを飲み干すといつもは手を挙げてテーブルで会計を済ませるのだが、席を立ち、奥で彼らが立って休んでいる場所まで支払いに行った。

「明日、この街を離れます。一週間、美味しい夕食をありがとうございました」

とでも言えればいいのだが、マレー語も中国語もできず、片言の英語しかできない僕は、

「サンキュー、グッバイ」

としか言えなかった。しかし、何となく僕の気持ちが伝わったのか。奥様だけでなく、店主も一緒に、

「サンキュー」

とつぶやいた。その後で仏頂面の主人がにやりとして左手を挙げた。笑顔は意外にかわいかった。

# 19「美味しくない店なのに通う訳」イポー（マレーシア）

味覚の鈍い僕でも、この店の料理はあまり美味しくないんだろうなぁと思う。この店から、四、五分歩いたところにある餃子の店や麺料理の屋台の方がよほど美味しい。それでも毎日、夕方になると、この美味しくない店に立ち寄ってしまう。何度も通う店があるという心地よさをコタバルの街で憶えてしまったのだろう。店に入った時に注文の仕方がわかっている安心感もあった。

店主らしき小柄な華人の中年女性が満面の笑みで注文をとりにくる。ごく普通の笑顔なのだが、世界中、全ての人が彼女のような笑顔だったら戦争なんてなくなるのではないだろうかと真剣に考えてしまうほど素敵な笑顔の持ち主である。彼女の笑顔を見るのも既に五回目。いつものように先にビールを注文する。

コタバルからこの街に移動してきた日、ホテルの目と鼻の先に建つ食堂の前で彼女は暇そうに立っていた。約八時間のバス移動でぐったりしていた僕は食堂を見て思い出したように空腹感を覚えた。彼女は僕と目が合うと屈託のない笑顔を見せてくれた。決して押しつけがましい笑顔ではなく、作られたものでもない自然な笑顔だった。無愛想な店が当たり前になっていたせいか彼女の笑顔に吸い寄せられるように、ホテルにチェックインする前にトランクを引いたまま店に吸い込まれたのである。それ以来、毎日、立ち寄るようになった。

ただ料理があまり美味しくない。それは店内がいつも空いていることからも想像できる。考えてみれば当たり前なのかもしれないが混んでいる店に入れば、たいていどこも美味しかった。特にイポーのように華人が多い街ならなおさら顕著だった。華人は料理の美味しい店には敏感だと聞いたことはあるが、それはまんざら嘘でもないようだ。マレーシアはマレー人が多数を占め、華人は全国民の四分の一程度だが、この街に限っては街の人口の七割が華人らしい。錫《すず》で栄え、日本が統治していた時代もある。一九五〇年代はエンターテイメントの拠点にもなり、マレーシアの中でも重要な位置を占める都市だった。しかし、七〇年代の錫の価格の下落とともに鉱山は閉鎖、一気に人が流出し、現在では「死んだ街」という不名誉な呼び方をされているそうだ。

確かに一時代を築き、衰退してきた歴史は廃墟に近い建物の端々から想像できた。

　全て着席すれば百名近く座れそうな広い客席に本日は僕以外に三人組の華人の客しか見当たらない。テーブルの上に置かれた氷の入ったバケツから大瓶のビールを取り出し、それぞれのコップにビールを注ぎ足しながら楽しそうに話していた。しかし、料理が並んでいない。料理は別の店で食べるのか、それとも先に家で食べてから酒だけ飲みにきているのかはわからないが広い食堂のような雰囲気の中で、ビールだけしか置いていないテーブルに違和感を覚えた。

　奥の厨房には女主人に似た息子らしき若い男性が立っている。その隣に若い女性も立っていた。互いの仕草と距離感から察すると彼の奥様もしくは恋人なのだろう。いつも僕の料理を作ってくれる二人である。二人とも暇そうだ。そんな彼らに女主人は時折、楽しそうに声をかけ、それに反応して息子夫婦も楽しそうに会話に応じる。客が入っていない店とは思えないほど明るい雰囲気がこの店には漂っていた。

　女主人は満面の笑みを携え、テーブルにビール瓶とグラスを置き、僕に何やら問いかけてくる。「yesterday」「walk」「there」……。聞き取れる単語から想像すると、

「あなた昨日、あの辺、歩いてたわよね？」

とでも言っているのだろう。彼女の笑みに誘われるように笑いながら、「イエス」と答える。その後、会話を続けたいのだがこれといって話題が見つからない。「今日は忙しかったですか？」と聞くのも店の状況がわかっているだけに失礼な気もするし、「おススメの料理は何ですか？」と今さら聞くのも気がひけるし、そもそも頼む料理は決まっている。それをごまかすように天井近くの梁《はり》に貼られた赤や黄色の短冊状の中国語のメニューを大袈裟に眺めながら、

「さぁてと、今日は何にしようかなぁ」

とまるで料理を選んでいるような素振りをする。既に決まっているのに。

「あっ、そうだ！」

まるで思い出したかのようにウエストポーチに入っているメモ帳を取り出し、数日前、注文する際に書き留めた「豆腐蝦飯」と書いた文字を見せた。豆腐と小ぶりの蝦を使ったあんかけソースのような物をご飯にかけたぶっかけ飯である。焼き飯、糸瓜《へちま》の味噌炒めを載せたぶっかけ飯など毎日、違う料理を頼んできたが、豆腐蝦飯が、その中では一番マシだった。マシとは店に失礼だけれど。

彼女は僕が書いた漢字のメモを興味深そうにのぞきこみ、「豆腐蝦飯」を中国語で

発音した。それを聞き、僕もマネをしようとする。僕の発音を聞いて彼女は笑い、それに応じて僕も笑う。

料理ができるまでの間、ビールをすすりながら、いつものように店内に設置されたテレビを眺める。画面には鎧を着て馬に乗った武将や兵が戦っているシーンが流れている。いつもと同じ中国の時代劇。それは同じような夕方の時間帯にこの店に来ていることの証でもある。

小太りの老婦人が入ってきた。金髪の僕が視界に入り、一旦、立ち止まり、僕を凝視する。あまりにじっと見つめられるので、目をそらすわけにもいかず、軽く会釈する。しかし、彼女は無視したまま僕の髪の毛を凝視し続け、興味がなくなるとテレビの画面に目を移し、テレビの前のテーブル席に座る。何を注文するわけでもなく、ただただ、じっとテレビを見つめ、時折、ひとり言のように口を動かしているだけ。一連の行動は前日とほぼ同じ。知的障害を持っているらしき彼女に女主人が声をかける。彼女はテレビに視線を向けたまま面倒臭そうに手を挙げた。

僕のテーブルに「豆腐蝦飯」を運ぶついでに、女主人は発泡スチロールの容器を老婦人のテーブルの上に置く。老婦人はテレビに目線を向けたまま、蓋を開けて何も言わず食べ始めた。容器の中には僕が頼んだ料理と似たようなあんかけのぶっかけ飯が詰められている。老婦人は特に嬉しそうな表情をするわけでもなく、スプーンで淡々と口へ運んでいく。きっと彼女が頼んだものではなく、女主人の心遣いなのだろう。年齢から考えると身よりがないのかもしれない。無意識にこの店に足が向いてしまうのだろうか。老婦人の椅子の背もたれに手をかけ優しい笑顔で見守る女主人を見ながら、様々な妄想を膨らませる。

二人組のインド系の男性がやってきた。彼らは初めて見かける顔である。マレーシアにはインド系の人種も一割程、住んでいる。彼らは手に新聞紙にくるんだ瓶を持っていた。ラムもしくはジンなどの蒸留酒のようだ。国教がイスラム教のマレーシアでは街中で表立って酒を持ち運ぶことは好ましく思われないのは想像に難くない。

彼らは氷とコップだけを頼み、持ち込んだ酒を注いで飲み始めた。やはり彼らも料理を頼む気配はない。先にいた華人の三人組と同じ……いや、彼らは少なくとも飲み物は頼んでいるので、それ以上である。もちろん氷代くらいは店側に支払うだろうが、店にとって決して、いいお客さんとは言えない。それにもかかわらず、女主人は嫌な顔ひとつ見せず、逆にボールに氷を継ぎ足す気配りまでみせていた。そして彼らに笑顔で話しかける。

毎日通う店のある心地よさもあるだろうが、僕はこの店に温かい人間劇場を見に来ているのかもしれない。この店には料理に優る穏やかな時間が流れている。

ビールをもう一本追加した。女主人は、ビールのキャンペーンのポスターを指し、

「三本頼んだら？　安くなるよ」

と冗談交じりに言って笑った。僕は「ノーノー」と言いながら、自分の火照った顔を指して笑った。いつしか僕はこの店の人間劇場の観客ではなく、出演者の仲間入りを果たしたように思え、少し嬉しかった。あいかわらずご飯はあまり美味しくないけれど。

## 20「フィッシュカレーとおかわり対決」ヤンゴン(ミャンマー)

「今、ミャンマーなんだって？　大丈夫なの？」

インターネットカフェのパソコンの画面上に日本語が映し出された。コミュニティ型のウェブサイトｍｉｘｉ上のメールである。通常のメール、Ｙａｈｏｏ！やＧｏｏｇｌｅのフリーメールは一切繋がらない。理由はわからないがｍｉｘｉだけがミャンマーの国のインターネットの検閲をくぐり抜けてメールを使用できた。

ミャンマーは世界で最もインターネットの検閲が厳しい国の一つだと言われている。日本人ジャーナリストがヤンゴンで撃たれて亡くなった事件以降は更に検閲が強化されたそうで、海外メディアのミャンマーに対する批判記事が書かれたサイトは閲覧できないと思っていい。そして外国人観光客はこの国に滞在中、基本的にメールで情報を海外に発信することはできないとも聞いていた。こうした状況を文字で綴ると友人が心配するのもわからなくはない。

しかし、ヤンゴンは予想以上に穏やかな街だった。軍事政権だからと言って軍人が街に溢れているわけでもなく、街角で時折、一人、二人立っている程度。オレンジ色の袈裟を着たお坊さんの数の方がよほど多い。南米の街を歩いている時のような湧き上がる不安感はこの街にはなく、建物から脇に入った小道だろうが、裏通りだろうが危険な香りがする場所に出会ったことがなかった。それは敬虔な仏教国とビルマ人の性格が影響しているのだろうが、ひょっとするとこれが軍事国家の影響なのかもしれないと思うこともある。

地図を片手に迷いながら、ミャンマー料理屋を探していた。ホテルのフロントに立つ若い男性スタッフに毎日、両替やランドリーを頼んでいるうちに声をかけやすくなり、おススメの店を聞いてみたのだ。彼はホテル周辺の手書きの地図のコピーを取り出し、店の場所に丸をつけ、ボディランゲージを交えながら曲がる場所を丁寧に教えてくれた。しかし、僕は方向音痴だった。それに加え、歩道にポロシャツやTシャツを売る露店が建ち並んでいるため、目印の建物がわからなかった。

三十分程、彷徨っただろうか。かわいらしい絵文字のようなビルマ文字の隣にアルファベットで表記された看板を見つけた。探していた店である。周囲に外国人の姿は見当たらず、店の前に外国人の旅人が立つだけで入口も壁もない客席から視線を感じた。いつものように初めての店に入る際の緊張感が湧き上がるが、ホテルのスタッフが勧めてくれたという安心感の方が大きかった。彼はきっと外国人観光客の僕でも入りやすいミャンマー料理屋を選んでくれたのだろうと。気の弱そうな若い男性スタッフと目が合う。金髪の日本人に少々、戸惑いながらも空いているテーブル席を指し、それに従い席についた。

すぐにメニューを持ってきてくれた。英語のメニュー。チキンカレー、ビーフカレー、海老カレーなどカレーの種類がずらりと並ぶ。ミャンマー料理というとそうめんのような麺料理「モヒンガー」が知られているが、カレーも一般的なミャンマー料理なのである……と何かに書かれていたはず。頭の中でおぼろげな世界地図を描きながら、ミャンマーはインドに近い東南アジアの国だったということに改めて気づく。そう考えるとカレーの文化だけではなく、街中に建ち並ぶ映画館でハリウッド映画よりもインド映画の方が多く上映していることも納得できた。

若い店員がビールと一緒にインゲンや香草など野菜がどっさり載った皿を運んでき

た。ビールとカレーは頼んだが野菜料理は頼んでいない。だからと言ってサラダにしては、あまりにも手が加わってなさすぎる。まるで畑から摘んでさっと洗って出されたかのようだ。周囲を見渡すと、地元客らしきビルマ人たちはご飯とおかずをかきこみながら、その途中で箸休めのように野菜を手でつかみ、そのまま口に放り込んでいる。どのテーブルにも置かれているところを見るとサービスのようだ。

ビールをコップに注ぎ、喉に流し込む。この国で作られている「ミャンマービール」は食の技術水準を審査するモンドセレクションで何度も金賞を獲得しているビールらしい。モンドセレクションがどれ程の権威があるものなのかはわからないが、軍事国家ということからは想像できない程、美味しいビールである。

魚の煮付けのような物が机の上に置かれた。

「えっ？　これがカレーなの？」

思わず日本語でつぶやいてしまった。その日本語の語尾の上げ方と僕の表情がクレーム的に思えてしまったのか、若い店員は慌てふためいたように行ってしまった。

そして、すぐに中年の大柄の店員が走るようにしてやってきた。若い店員は上司に僕がクレームをつけていると報告しに行ったようだ。中年店員は「何か問題がありましたか?」的に申し訳なさそうな表情で僕の顔をのぞきこむ。僕が焦ったように手を振って「NO、NO」と笑いながら、文句を言っているわけではないことを示すとホッとした表情を見せた。空気が落ち着いたところで、

「イズ　ジス　フィッシュカレー?」

と英語で改めて聞いてみる。中年の店員は「イエス」と満面の笑みで答えた。スープカレーを蒸発させてしまい、具材だけが残ってしまった感じである。

隣のテーブルに座っている髪の薄い初老の男性のところにはチキンカレーらしき物が運ばれてきた。やはり同じように汁気が少ない。ビールを飲みながら何気なくミャンマー式カレーの食べ方の様子をうかがう。彼は皿の上に盛り付けられたご飯の上にスプーンでカレーの具材を載せ、下のご飯と一緒にすくって食べる。カレーを食べるというよりは、おかずをご飯に添えて食べるような感じである。

彼の対面《トイメン》に痩せた小柄な中年男性が座った。二人は知り合いではなく単なる相席のようだ。昼食の時間帯だったせいか気づくと店内は混み始めていた。しかし、入ってくる客も金髪の日本人との相席は自然と避けるようで、僕の四人掛けテーブルだけは埋まっていかない。

初老の男性は、まだご飯が残っているにもかかわらず、次のご飯のおかわりを注文していた。既に用意されていたかのように、すぐに皿に盛られたご飯が届けられる。この光景も店内いたるところで見られる。ご飯のおかわりもサービスのようだ。その様子を目の前の中年男性が睨みつけるように見ている。本人からすれば決して睨みつけているわけではないのだろうが、僕からすると、

「よし、お前に負けないくらい俺も食ってやるぜ」

と飲み比べならぬ食べ比べが始まったように見える。きっとミャンマーの男性の民族衣装のせいである。ロンヂーと呼ばれる巻きスカートのような衣類は椅子に腰かけている状態だと昔の日本の侍がはかま姿で座っているように見える。背筋を伸ばしていると凜々しく見え、真剣な表情で相手を見つめるとそれだけで対決が始まりそうに見えてしまうのだ。

小柄な中年男性の前に二種類のカレーが並んだ。初老の男性は彼の頼んだメニューにちらりと視線を移したが、すぐに自分のご飯へ視線を戻す。そしておかわりした皿から、なくなった皿へスプーンでわざわざご飯を移し替えていた。同じ皿なのだから移し替えずにそのまま食べればいいように思えるが、これが彼にとって、おかわりの

儀式なのかもしれない。

中年男性も猛烈な勢いでご飯を食べ始める。口いっぱいにほおばったまま、まだかなり皿にご飯が残っている状態で厨房の方に向かって、左手の人差し指と中指で「カモン！　カモン！」といった感じで、おかわりを要求していた。二人とも顔をあげることなく黙々と口の中に料理とご飯をかきこんでいく。かきこむことも通り越し、詰め込むといった感じに近くなっていた。

ミャンマーの米粒は長く、どこかパサパサしたご飯で、日本の米より、お腹に軽い気はするが、それでも大皿二杯はかなりの量がある。しかし二人とも太ってはいなかった。そう考えると街中に太ったミャンマー人をほとんど見かけない。これだけ食べるのだったら太りそうなものである。ビルマ人のＤＮＡには太らない性質が含まれているのだろうか。

先に食べ始めたのだから当然なのだろうが初老の男性が先に食べ終わった。テーブルの上のつまようじを一本取り出し、歯の掃除をしながら、どこか勝ち誇っているように見えた。しかし、中年男性の追い上げもすごかった。初老の男性が、つまようじで掃除をしている間に食べ終え、口をもごもごさせたまま、左手で円を描くようにして会計の催促をした。お金を支払い、テーブルの上のつまようじを一本つまむと木枯し紋次郎のように口にくわえて、そのまま席を立った。勝負には負けたが、スピードでは負けてはいないぜといった感じで店を出る。勝手な思い込み観戦に集中しすぎて、僕のカレーは、まだほとんど減っていなかった。

## 21「歌番組を観ながら食らふ川魚」モウラミャイン（ミャンマー）

夕暮れになるとこの街で唯一の大型ホテルの前の歩道にテーブルが並べられる。テーブルの脇には焼き鳥屋のような焼き場が並び、串に刺さった肉や野菜が一緒に並ぶ。客が好きな物を選ぶと、その場で焼いてテーブルまで持ってきてくれる。魚醬をつけて食べる串焼きをつまみに生ビールを飲み、目の前に流れるタンルウィン川に沈む夕陽を満喫する。幸せな時間である。席数は三十席程と決して多くはないが、この街に滞在する観光客から考えるとそれでも多いくらい。たいていいつも十席程度しか埋まっていなかった。

首都ヤンゴンのほぼ東に位置するモウラミャインは間に海が挟まっているので、ぐるりと円を描くように移動してこなくてはならない。振動や横揺れが多く決して乗り心地のよくない古い列車に約八時間揺られて再びヤンゴンまで戻ることを考えると少々、気が重い。ただ、一週間程度、滞在して身体に空気を馴染ませていくと決して悪い街ではない。世界中、どこの街もたいていそうなのだろうけれど。

街中で食べる場所は限られ……というより自分で店を限定していた。朝食は川沿いのコーヒーショップ、昼食はいつも客が少ない中華料理店、夕食はホテルの前で串焼きと一日の食事の流れが何となくできあがっている。

露店らしき物を見かけることもあるが、店という雰囲気とは程遠い。地べたに直接コンロが置かれ、その上に鍋が置いてあるだけ。その周囲に風呂場で身体を洗う際に使いそうな小さな椅子を円状に並べて座り、地元のビルマ人がぶっかけ飯を食べている。ただ単に家族や友人同士で集まって食べている光景にも見える。それが店なのかどうかを確かめてまで、ひとり飯を開拓することは僕の性格では難しかった。知らない店に入り、一人で飯を食らうことでさえもこの旅を始めて半年以上が経ち、少しだけ慣れたところなのだから。

川沿いには気になる店が二軒あった。一軒はビアホールらしき店。錆《さ》びたトタンで覆われ、窓が少ないためか店内は薄暗く、昼間、ネグリジェを着た女性が出てくるのを見かけたことがある。それだけでどこか怪しげな雰囲気に感じられ、僕のひとり飯の選択基準からははずれてしまう。もう一軒は山小屋風の店で窓が多く、明るい雰囲気なのだが顔馴染みの地元客が多そうだった。僕が入った時の店内の空気を想像すると躊躇してしまう。続いて空気が変わった店内で食べる居心地の悪さが浮かび、

「今日もホテル前の串焼きでいいかなぁ」

と惰性の食事になる。結局、この街で過ごす最終日を迎えてしまった。

散歩の帰り道、山小屋風の店の前を通った際、ふと思った。残りの人生で再びこの街を訪れる可能性はあるのだろうか。かなり低いだろう。ないと言っても過言ではない。そう考えると急にこの店に行っておかねばならないような義務感にかられた。店内の空気が変わることくらい何なのだと。

店の扉を開けていた。数名ほど座っていた男性客は全て入口の方に身体を向けている。ふと我に返り、「しまった……」と思ったが、視線は僕ではなく、天井から吊るされたテレビに向けられていた。全員テレビを見ていたのだ。ちらっと僕を見る人はいても、すぐにテレビに視線を戻す。少なくとも僕を凝視する人など誰もいなかった。

入口の扉の隣には中年の女性主人が銭湯の番台のような高い台に座り、彼女もテレ

ビを眺めていた。彼女の前に置かれた小さなテーブルには帳簿らしきノートと釣り銭箱が置かれている。きっと会計の場所なのだろう。店に入ってきた僕を一瞥すると表情を変えることなく、すぐにテレビに視線を戻した。

外は日没のゴールデンタイムにもかかわらず、店内には夕陽を鑑賞する空気は微塵もなかった。窓際に座っている客もテレビに釘付け。

中央付近の空いているテーブル席に座ると若い男性店員がメニューを持ってきてくれた。彼の視線もテレビ、時々、僕といった具合である。僕に視線が来たタイミングで、少し離れた場所で飲んでいる男性の生ビールを指した。ミャンマービールに生ビールがあることは、この街に来てから知った。しかも大瓶が一本2000チャット（約200円）前後だが生ビールは1000チャット前後（約100円）と安い。

英語表記のメニューにはカレー料理、川魚料理、肉料理など豊富なメニューが並んでいる。これだけの料理があるのなら、もっと早くこの店に足を運べばよかったと後悔した。生ビールを持ってきた店員は、相変わらずテレビに気をとられていた。メニューを返しながら、「キャプテンフィッシュ」なる想像すらつかない魚料理を注文する。

スポーツ観戦のようにどこかから歓声があがるわけでもなく、静まり返った状態で全ての客がテレビを観ている光景は不気味だった。画面に流れるのはミャンマーの歌番組。劇場からの生中継のようだ。くすんだ水色のサテンのドレスを着たアイドル歌手が舞台袖の階段を登るところだった。舞台上にセットらしきものは見当たらず、赤や緑のライトが一定の間隔で変わり、あどけなさと野暮ったさの入り混じったアイドル歌手は鼻から抜けるような声で歌い始める。

一杯目のビールを飲み終えようとした頃、入口からミャンマー人にしては長身で体格のいいがっしりした中年男性が入ってきた。常連客のようで女主人と一言、二言、会話を交わし、周囲を見渡すと、僕の近くのテーブル席に腰を下ろす。テレビの見える位置に座ればいいのだが、あえてテレビを背にした席で、椅子をテレビが見える位置に向けてから座った。まだ何も頼んでいないはずの彼のテーブルに黒い生ビールが置かれる。彼はいつも飲む物が決まっているのだろう。ジョッキに書かれているビール会社の名前から察するとシンガポールで作られた黒ビールのようだ。彼はジョッキを手にすると一気に飲み干し、すぐ空にして、おかわりを頼んだ。黒ビールを喉越しで飲む人を初めて見た。僕にとって黒ビールは味わってちびちび飲むビールのイメージがある。少なくとも喉が渇いている時に黒ビールは頼まない。

その飲み方があまりにも美味しそうに見え、僕も二杯目は黒ビールを注文した。おじさんの一気飲みにつられ、僕も一気に流し込んではみる。しかし、喉に通した瞬間、「じっくり飲む重いビールだよ」と黒ビールが改めて教えてくれた。

テレビではベテランらしき年増の女性歌手が歌い始めた。相変わらず店内は静かだったが、先程のアイドル歌手の時と比べると、どこか空気が散漫になっている気がした。

魚が見えない程、唐辛子入りのあんかけソースがたっぷりかかった料理が運ばれてくる。恐らく川魚だろう。見た目通り辛く、その辛さでごまかされているだけなのかもしれないが、川魚の臭味は感じられない。茶色く濁ったタンルウィン川で獲れた魚なのだろうか。そういえばこの店に来る途中、船着き場で釣りをしていた女性がいた。特別な仕掛けをしているようにも見えず、竹に糸と針をつけて垂らしているだけのようだった。その様は、まるでムーミンに登場するスナフキンを女性にしたような雰囲気である。グレーのTシャツにミャンマーの女性衣装のタイメンと呼ばれる長い巻きスカートを身につけ、決して金持ちには見えないが、だからと言って貧乏にも見えなかった。二十代と言われても、「そうかもしれない」と思うだろうし、三十代と言われても、「そうでしょう」と言うだろうし、四十代と言われても、「若く見えますね」とあたりさわりのない答えをするだろう。どこかミステリアスな女性だった。ただし、スナフキンとは大きな違いがあった。スナフキンは華奢な感じだが、彼女はミャンマーの人にしては立派な体格だった。目は元々細いのか太っているせいなのかはわからないが、ほとんど開いていないように見えた。

「別に釣れなくてもいいや。時間があるから糸を垂らしているんだよ」

とでも言いそうな顔で船着場に座り、太くて重そうな足をぶらつかせ、糸の先をじっと見つめていた。あの後、彼女は釣れたのだろうか。彼女がキャプテンフィッシュを引きあげているところを想像する。

魚料理にしては重い料理だった。重い料理に重いビール。黒ビールを「チビチビ飲み」に戻し、魚をチビチビつまんだ。カルシウムがたっぷり詰まっていそうな、しっかりした骨は口の中を何度も刺す。挙句には舌にまで突き刺さる。あまりの痛さに舌を手で触ると血が出ていた。血に弱い僕は一気に気持ちが重くなる。

重い料理に重いビール、そして重い気持ち。テレビではバンダナにサングラス姿の男性歌手がギター片手に叫ぶように歌っていた。ミャンマー語は全くわからないが、ものすごく重い歌詞に聞こえた。

## 22「思わず手が出る子供のおやつ」スコータイ（タイ）

十三世紀中頃、現在のタイの礎《いしずえ》を作ったと言われるスコータイ王朝の都がこの街だった。ここからタイ文字が生まれ、スリランカから伝わった仏教が全国に広まった。地元では遺跡のある場所は旧市街を意味するオールドタウンと呼ばれ、ホテルが多い新市街からは10キロ程度離れている。タクシーで来てもいいのだが、ソンテウと呼ばれるバスで揺られて行くのも悪くない。中型トラックの荷台に幌《ほろ》がつき、両脇と真ん中に長いベンチが三列置かれた乗り物である。来た順番に奥から座り、移動していく様は映画で見かける軍隊の移動シーンを思い出させる。

遺跡を満喫し、駐車場を兼ねた広場に向かうとちょうどソンテウがやってきた。

「ニュータウン？」

運転手に尋ねると無表情でうなずいた。咄嗟に乗り込んだのだが、なかなか出発しない。幌には隙間があり、多少は風も通るが、基本的に走っている時しか涼しくはない。止まってしまえばすぐに車内に淀《よど》んだような熱い空気が充満する。幌のついた荷台と運転席の境目はガラス窓で遮られている。その窓から運転席を見ると人影がない。幌の隙間から外をのぞくと運転手が降りて木陰で涼んでいた。そういえばエンジンも止まっている。まだしばらくは出発しないということだろうか。首元にじんわり汗がにじんできた。パブロフの犬のようにすぐに水分が欲しくなる。

一旦、バスを降り、隣接する土産物屋でコーラを購入する。一口飲んだところだった。気だるそうな顔をした運転手が運転席に乗り込む。それに合わせ、建物の日陰や木陰で涼んでいたタイ人の女性がバスに向かって歩き始め、ソンテウに乗り込んだ。

まもなく出発するのだろう。何とも間が悪い。炭酸でしびれそうな喉を我慢して一気に飲み干し、再び飛び乗った。同時に低いエンジン音が鳴り響き、動き始める。喉に砂糖でコーティングされたような感覚が残っていた。

乗客は僕以外に三名だけ。その三名も十分程度の間に次々、降りていく。彼女たちは一旦降りると運転席にまわって運賃を支払っていた。そういえば新市街から旧市街に来る時は運賃を回収する車掌が同乗していたが、今回は乗っていない。いつのまにか幌の中は僕一人だけ。

二十分程、走っただろうか。バスが再び停まり、エンジンも止まった。運転手の中年男性は僕の方を振り返り、助手席側の窓を指す。幌の隙間から外を見ると、ボーイスカウトのような制服を着た中学生らしき男子学生たちが門から洪水のように一斉に出てきたところだった。学校帰りの学生を乗せるから待つということなのだろう。

運転手が降りるのが見えた。出発までどれくらいの時間がかかるのだろう。かぶっていた帽子を脱ぎ、自分の座っていた場所に置き、席を確保してから一旦、外に出てみる。僕が乗っていたソンテウの前に五台程ソンテウが並んでいた。前の方から順番に乗り込んでいく。詰め込めるだけ学生たちを詰め込んでから出発していくようだ。新市街でソンテウの荷台からはみ出た学生たちが幌の骨組みにつかまった状態で移動している光景を見かけたことがあったが、きっとここから乗ってきた学生だったのだろう。

このペースでいけばすぐに僕の乗っていたソンテウも出発になりそうなものだが、すぐに出発したのは二台だけ。三台目はなかなか埋まっていかない。全ての学生が一気に乗り込むわけではないようだ。友達同士で話しこんでいる学生もいれば歩道に出ている飲み物を売っている露店に群がる学生もいる。

もう一つ群がっている露店があった。髪の毛が落ちないように衛生帽子をかぶった小柄な中年女性の前にある寸胴鍋。小銭と引き換えに学生たちは団子が入ったビニール袋を受け取っていた。

小腹は空いているが、ビニール袋に入れられている食べ物は、どうも美味しそうに見えない。この国ではご飯だろうが、ぶっかけ飯だろうが、麺類やジュースなどの液体まで全てビニール袋に入れてしまう。ビニール袋に入っているというだけで僕の固い頭は残飯にしか見えず、抵抗感を覚える。そのせいかビニール袋に入ったテイクアウト用の食べ物を一度も購入したことがなかった。

しかし、学生たちはビニール袋の中に宝物でも入っているように嬉しそうにのぞきこみ、団子を一つずつ丁寧に取り出し、口の中に放り込む。無邪気にほおばる姿を見ているとビニール袋に対する僕の抵抗感が徐々に薄れていく。次第に、そのビニール袋の中にある食べ物が美味しそうに見えてきた。

僕が乗っていたソンテウの運転手は飲み物を売る露店でミネラルウォーターを買い、運転手仲間と談笑しながら飲んでいる。この様子なら出発までもう少し時間がかかりそうだ。

　僕も露店に近づいていく。子供たちは寸胴鍋の周囲に集まり、四方から小銭を出しながら食べ物をねだる。中年女性は、まるで小鳥に餌を与えるように順番にビニール袋を与えて小銭を受け取る。その手際のよさは見事だった。

　僕も小銭入れから5バーツ玉を取り出し、様子をうかがう。子供たちの流れが一旦、落ち着いたところで中年女性は僕に気づき、

「何か欲しい？」

　といった表情で薄い眉毛をあげた。子供たちが持っているビニール袋を指した後、1の数字を作る。

　おでんを煮込むような大きな鍋の中には団子が浮いていた。海苔《のり》に覆われた団子は魚のすり身のようだ。彼女はみたらし団子を刺すような串を使い、慣れた手つきで二個程度刺すと、左手であらかじめ広げておいたビニール袋の中に素早く落としていく。最後の五つ目のすり身団子を入れる際、串ごとビニール袋の中に落とす。その串で食べるのだ。最後に、かき氷のシロップをかけるようなスプーンで、ねっとりしたつけ汁をすくって団子の上からかける。唐辛子の細かい粒が見える。きっと甘辛いタレな

のだろう。

5バーツ玉と引き換えにビニール袋を受け取り、早速、その場で一つ口に放り込んだ。タイ独特の甘辛いソースが口の中に広がった後、柔らかい感触とかすかな海苔の香ばしさが伝わっていく。学生たちと一緒に並んで食べているシチュエーションが更に美味しさを増す。昔、おやつの際、魚肉ソーセージを食べている時の感覚を思い出した。

二つ目を口に放り込むと僕が乗ってきたソンテウの運転手が車に向かって歩き始めていた。その前に停まっているバスも席に座れない学生たちが幌の中で立ったまま出発を待っていた。まもなく僕の乗っているバスにも一気に学生たちが乗り込んでくるのだろう。早く戻らないと僕の席まで辿りつけなさそうだ。ビニール袋の上を閉じるように持ち、急ぎ足でソンテウに戻る。まだ誰も乗っていなかった。

暑さが充満する幌の一番奥の席で三つ目の練り物を口に放り込む。徐々に飲み物が欲しくなってくる。今から降りて飲み物を買った方がいいだろうか……と思った時である。学生たちが続々と乗り込んできた。一旦、乗り込み始めると、あっという間に車内は満席になる。飲み物はあきらめざるをえなかった。

満席になると停車中の幌の中は更に暑くなる。それでなくても体温が高そうな子供たちである。じんわりどころか僕の背中に汗が一筋垂れるのを感じた。先程、ソンテウに乗る前に買ったコーラを無理矢理喉に流し込んだことを後悔した。持って乗ればよかったのである。

目の前に座った坊主頭の学生が、ビニール袋に入ったジュースを飲んでいた。あれだけ抵抗感があったビニール袋入りの液体が、やたら美味しそうに見える。きっと新市街に戻ったら、僕はビニール袋入りのジュースを買うのだろう。とにかく早く出発してくれ。そう思いながら、残っていた団子を口の中に放り込んだ。

# 23「メコン川沿いのバー」ノーンカーイ(タイ)

客待ちのマッサージ師たちは編み物をしながら、時折、テレビのニュースに視線を向け、言葉を交わしている。

首都バンコクの国際空港が反政府のデモ隊に占拠されて二日が経った。日本人を含めた外国人観光客約一万人が足止めをくらい、国内では今後、クーデターに発展する恐れもあるらしい。しかし、ラオスとの国境に近いノーンカーイの街はいたって穏やかだった。

タイ人女性にしては太ったマッサージ師は僕の身体を起こし、ポンポンと背中を二回叩くことで終わりを告げると、テレビに視線を向け、同僚に話しかける。タイ語は全く理解できないが、

「バンコクは大変なことになっているわねぇ」

などと他人事《ひとごと》のように言っているニュアンスくらいはわかる。東京で起こっていることを北海道で見ている感覚なのかもしれない。

支払いを済ませ、マッサージ店を出ると、すぐ近くのメコン川沿いの歩道を歩いた。この国が大変な状況になっているとは思えない程、静かな夜だった。せいぜい捨て犬の吠える声がうるさいくらいである。

川の夜風は身体の熱を奪っていく。昼間の暑さから考えられない程、気温は下がり、涼しさを超え、寒気さえ感じ始めた。タイにも少なからず冬らしき季節が近づいているようだ。ウエストバッグから折り畳み式のウインドブレーカーを取り出し、Tシャツの上から羽織った。

歩道には、オープンテラスのカフェもあれば、夜だけ机を出して営業している露店もある。夕方になるとずらりと屋台が並び、賑わいをみせるメイン通りとは対照的に川沿いの歩道はどこの店も閑散としていて客はほとんどいない。川沿いの夜風が影響しているのだろうか。

キャンプ場でよく見かける折り畳みのテーブルの上に立てたろうそくの灯りで、グラスを傾けているタイ人男性二人組がいた。風除けのフードに守られながら揺れるろうそくの炎でちらちら照らされるロックグラスが美味しそうに見える。恐らくウィスキーだろう。この国にはメコンウィスキーなる低価格のウィスキーがある。ウィスキーと名前がついてはいるが厳密にはウィスキーではなく、原料は麦ではなく米。香りといい味といい繊細さとは程遠いが、時折、この粗野な香りと荒々しい味のウィスキーを欲することがあり、リカーショップで小瓶を購入してベッドの枕元に置いておき、眠る前に、口に含むことがあった。

たまには外でメコンウィスキーを飲むのも悪くないだろう。一杯、飲んでいくことにした。ジーンズのポケットに手を突っ込んだまま、彼らのテーブルから少し離れたテーブルに座る。しかし、どこでオーダーするのかわからない。座ったまま、きょろきょろしていると二人の男性のうちの一人が立ち上がり、僕の座ったテーブルに近づいてきた。革ジャンのポケットに手を突っ込んだまま。タイ人にしては長身だった。

「May I help you?」

簡素な机と椅子には似合わないきれいな発音の英語だった。「ウィスキー」と答えながら彼らが飲んでいたテーブルの上のグラスを指すと、

「very cold」

と言ってにやりと笑い、
「on the rocks or straight?」
と更に聞いた。どちらでもよかったのだがロックと答える。彼は一旦、席に戻ると僕が「ウィスキー」を飲みたいと言っていることをもう一人のジャケット姿の男性に言っているようだ。

それを聞いた男性は僕の方を振り向き「カモーン」と言って手まねきした。革ジャンの男性も「together」と言って、やはり手まねきした後、コップを建物の中へ取りに行った。彼らの友好的な雰囲気にのまれたのだろう。事情がよくわからないまま、僕は立ち上がり、彼らの席に向かって歩いていった。

ベージュのジャケットを着た男性は革ジャンの男性が座っていた席を指し、僕の発音に近いたどたどしい英語で言った。

「プリーズ　シット　ダウン」

彼らのテーブルの上に載っていたのはメコンウィスキーではなく歩く英国紳士が描かれた赤いラベルのウィスキー「ジョニーウォーカー」だった。麦から作られた本物のウィスキー。この街ではジョニーウォーカーを飾っている店をいくつか見かけた。

輸入ウィスキーの中で、この銘柄が人気なのだろう。

革ジャンの男性は折り畳み椅子を脇に抱え、僕のグラスをテーブルまで持ってきた。真ん中に穴が開いたちくわのような氷をグラスに入れ、ウィスキーを注いでくれる。タイ語の乾杯「チャイヨー」という掛け声を教わりながら乾杯した。片言の英語のやりとりから革ジャンの男性が店主で、ジャケット姿の男性は彼の友達で建築家であること、ノーンカーイには仕事で来ていて、普段はバンコクに住んでいることがわかった。

その後は彼らから質問攻撃にあう。どこから来たのか？　どのくらいいるのか？　どこに行ったのか？　職業は何をしているのか？　「どこから来た」や「どのくらいいるのか」の質問は簡単に答えられたが、この街のどこに行ったのかという質問に関しては答えに詰まった。特にこれといって観光名所があるわけでもなく、これといって特徴のある街でもない。ベンチに座ってメコン川を眺め、後はぶらぶら散策しているだけの日々である。せいぜい散歩の途中に廃線の駅に立ち寄るくらいだ。5キロ程離れた場所に新しい駅ができたため、使われなくなり、ホームだけが残っている駅である。ひび割れたホームの隙間から雑草が伸び、線路にいたっては雑草で埋まっている。たいていホームの縁に腰かけて座り、周囲を眺めていた。次第にこの駅が使用されていた頃の光景が頭の中に浮かび始める。タイの北の端の終着駅に降り立った乗客の気持ちを想像し、駅前に並んだバイクタクシーの光景を思い浮かべる。あまりに長時間、僕が座っているので通りかかった人が、ご丁寧に新しい駅の場所を教えてくれたこともある。そういった日常を説明しようにも僕の英語力では難しい。

「アイ　ウエント　トゥ　オールド　ステーション。ベリーグッド」

結局、言えたのはそれだけ。彼らはそれを冗談だと思ったようで大声で笑った。訂正するのも面倒なので僕も一緒になって笑った。

そんな状態だから会話は長く続かない。それぞれの英語のボキャブラリーのバランスが悪く(一番ボキャブラリーが少ないのは僕なのだが)、次第に三人の会話は途切れ途切れになり、そのうち沈黙になった。それぞれ夜のメコン川を眺めながらウィスキーをすすった。夜のメコン川は見ているうちに誘いこむような不気味な雰囲気を醸し出す。川の向こうに見えるラオスの村には街灯がほとんど見当たらず、家の灯りもぽつりぽつりだった。川を一つ挟んだ夜の景色を見るだけでもタイの豊かさとラオスの貧しさは歴然としていた。

僕はアルコールに強くないので、ウィスキーなど一杯も飲めばすぐに顔が赤く火照るはずなのだが、この夜風のせいか、火照りがすぐに取り払われてしまう。全く酔っている感じがしなかった。身体は温かいのだが頭はすっきりして心地いい。

流れる音楽がタイのポップミュージックからヒーリング系の音楽に変わった。

「I like his music.」

ＣＤラジカセの操作を終えて戻ってくると店主はＣＤジャケットを僕に渡しながら言う。仙人のような顔をした日本人男性のミュージシャンの写真の上に「宗次郎」と日本語で書かれていた。

「そうじろう……」

僕は何気なく日本語でつぶやいた。店主は、

「what?　ソウ……」

と眉間に皺を寄せながら宗次郎の発音を覚えようとしていた。「ソージロー」と「ウ」の発音を「ー」にして、もう一度、ゆっくり発音しなおした。建築家の彼もアルバムの写真をのぞきこみ、店主はタイ語で宗次郎の音楽の説明をしていた。久しぶりに英語縛りの会話から解放され、タイ語で楽しそうに話している彼らを見ると申し

訳なく思えてきた。

そろそろ帰ろうかなぁという意思表示を見せるために財布を出しながら立ちあがった。店主も建築家も手をふって、お金はいらないという仕草を見せ、財布をしまうように促した。店主は、このウィスキーは建築家の飲み物だから、お礼は彼に言ってくださいと大袈裟なジェスチャーを交えて冗談交じりに言った。そこで「コップンカ」とタイ語で「ありがとう」と言って拝むように手を合わせる。彼らは笑い、僕も笑った。

別れ際、建築家の彼がつぶやくように言った。

「アイム　ソーリー　フォ　インターナショナルエアポート」

彼の顔は笑っていなかった。さて、どうやってこの国から出ようか。

## 24「ソムタムソムリエ」ビエンチャン（ラオス）

バラック小屋が並んだような市場。雑多な雰囲気の中に居心地悪そうに山積みになっているフランスパンが時折、現れる。フランスの保護を受けた時期が長かった影響はこういった形で残る。その影響は酒にも及び、ビエンチャンは直輸入の美味しいワインが飲める街らしい。

タイのノーンカーイからラオスの首都ビエンチャンの市街までメコン川に架かる橋を渡って入国してきた。入国審査の時間も入れてバスで一時間半程度。運賃は50バーツ（約150円）。現在、日本人はタイからラオスに入る際、ビザは必要なく、パスポートと簡単な書類に記入するだけで入国することができる。日本人のビザが必要なくなったのは、メコン川に橋を架ける際、日本政府が援助したことが理由なのだとバイクタクシーの運転手が片言の英語で教えてくれた。日本が様々な国に様々な活動を展開することで我々に影響を及ぼしていることを旅の中で知ることがある。

久しぶりにワインを飲みながらの食事もいいかもしれない。街中にフランス料理店やイタリア料理店を見かけ、ふとそう思った。しかし、そう思ったのはほんの一瞬だけ。この街に長く住んでいれば、時にはそういった料理を食べることもあるのかもしれないが、ただ立ち寄っただけの旅行者からすると湿気を含んだ東南アジアの暑さの中で、フランス料理やイタリア料理を食べる気にはなれなかった。やはり気候と料理は繋がっている。

食堂の店先に設けられた青いテントの下はラオス人の女性で賑わっていた。ラオスの民族衣装である巻きスカート姿の女性がほとんどなのだが、中にはラオスでは珍しいスーツ姿の女性もいる。首都ビエンチャンの官庁街の近くならではかもしれない。エリート官僚だろうか。そう考えると彼女の腕組みも様になっている。

賑わっているのはテントの下だけで食堂内には誰もいない。テイクアウトの客で賑わう店のようだ。群がる女性陣の中心には小柄な中年女性が手にすりこぎを持ち、すり鉢の中身を叩くようにすりつぶしている。赤く染まった千切りのパパイヤらしきものがちらりと見えた。恐らくソムタムだろう。タイやラオスの名物として知られる青いパパイヤをメインに作られた辛いサラダである。タイに滞在中、ソムタムをいくつかの場所で食べたが、店によって辛さも違えば味も違う。刻んだ唐辛子をすり鉢に入れて、すりこぎのような物で叩きながら潰し、そこへナンプラーやレモン、砂糖などを混ぜていくのだが、どうやらこの時の配合の仕方で店独特の味ができあがっていくようだ。最後に、トマト、インゲンなどを加え、すりこぎですりつぶすように絡めていく。

これだけ群がるということはここのソムタムは地元では有名なのだろう。無性にソムタムが食べたくなった。

群がる女性たちの脇を通り、薄暗い誰もいない店内に恐る恐る入り、足の太いがっしりした木製の机の前に置かれた椅子に座る。

ソムタムを作っている中年女性は僕の存在に気がつき、後ろを振り向き、

「ちょっと待ってね。今、混んでいるから……」

とでも吹きだしをつけてあげたい苦笑いに近い申し訳なさそうな表情を見せた。彼女がこちらを向いたので、店先に集う女性たちの視線も自然に僕に注がれる。こういった時にどう反応していいか困る。目のやり場に困った僕は携帯電話を取り出し、メ

ールを読むふりをした。何も届いていないのに。

店主らしき中年女性は彼女の斜め後ろのテーブルでパパイヤを切っている旦那らしき中年男性にきつい口調で何やら言っている。僕のオーダーを聞いてくるよう命令しているらしい。無口で優しそうなぽっちゃりした男性は細かくうなずくと手を休めて立ちあがった。尻にしかれていることが、ほんの数秒のやりとりで想像できる。そして、そんな男性を見るとなぜか仲間意識を覚える。

中年男性は面倒くさそうに僕のところへやってきた。手ぶらである。この店にはメニューというものがなさそうだ。頭に思い浮かぶ料理の単語と目の前にある物を指していくことにする。まず「ビア」と言って店内から見える冷蔵庫を指し、「ソムタム」と言って中年女性の後ろ姿を指す。最後に彼女のすり鉢の隣に置かれている寸胴鍋を指して「スープ」と言った。彼はメモをとることもなく、僕の全ての単語に細かくうなずくとビールを取りに行った。

頼んだ後、入口にかかっていたカオニャオを入れる竹製の籠が目に入った。タイの東北部やラオスの主食で蒸したもち米である。籠の中に入ったカオニャオを一口サイズでちぎりとるようにして、親指と人差し指と中指の三本の指で回転させるように丸めてから、スープやおかずにつけて口に放り込むのだ。もち米独特のモチモチ感が大好きな僕は、タイのノーンカーイに滞在中、よくカオニャオを頼んでいた。

男性がラオスのビール「ビアラオ」を持ってきた際、竹製の籠を指し、「カオニャオ」を追加すると、やはり彼は細かくうなずいた。どんな時に彼は声を発するのだろう。少なくとも僕は一生、彼の声を聞くことはなさそうだ。

停電が多い国なのだろうか。それとも入れたばかりなのだろうか。冷蔵庫に入っていたはずのビアラオはあまり冷えていなかった。しかし、軽く口当たりのいいビールで、喉にするすると入っていく。

続いてスープとカオニャオもテーブルの上に置かれた。あっさりした味のスープに豚の血をお湯で固めた「ルアックムー」が浮いている。一見、レバーのように見えるが、味はほとんどついておらず、表面についたスープの味と食感を楽しむ。噛みごたえは、あまりなく口の中で溶けていき、「エアチョコ」を食べた時の食感に近い。

暑い街の中で口当たりのいいビールとあっさりした味のスープの組み合わせは決して悪くないのだが、パンチが足りない。ソムタムの激辛サラダが早く欲しくなる。そしてソムタムのタレをつけたカオニャオを食べることを想像する。それだけで口の中に唾液が広がった。しかし、相変わらず、入口のすり鉢には女性が群がったまま。客のはけるスピードが異常に遅い。ソムタムを大量に作り、分配するのかと思っていたが、一人分ずつ作っているようだ。つまり一人ずつソムタムの好みの味付けが違うのである。ラーメン屋の麵少々固めとかのレベルではない。パパイヤのすりつぶし具合、唐辛子の量や辛み具合など細かく注文していく。頑固一徹オヤジのラーメン屋であれば、「出て行け」と怒鳴られ、塩をまかれそうだ。

紺色のスーツ姿の若い女性は、すり鉢の中に勝手に手を突っ込み、一本パパイヤをつまんで試食した。その後に一言二言つぶやく。すりこぎを持った中年女性はうなずきながら、すり鉢に唐辛子を追加し、更にかき混ぜる。

スーツ姿の女性が再び一本パパイヤをつまんで試食する。まるでワインのソムリエが舌の上で転がすように味を確かめる。何もそこまで険しい表情をしなくてもいいんじゃなかろうかと思うような顔で作り手の中年女性に何やら言っている。そんなやりとりが何回か続いて、ようやく一人分のソムタムができあがる。時間がかかるのも無理はない。ただ、どの女性も険しい顔をした後、自分の味になったソムタムをテイクアウト用の袋に入れて立ち去る時は笑顔になる。これが彼女たちの日課なのだろう。

同じ街にいると惰性の食事が当たり前になってしまう僕からすれば、毎日、自分の食べる物に妥協しない彼女たち、そして、その彼女たちに黙ってつきあうソムタムを作る中年女性は尊敬に値する。

味付けに何のリクエストもない僕のところにソムタムがやってきたのは注文してから三十分程、経った頃だった。既にスープもカオニャオもなくなり、ビールもなくなりかけていた。中年女性が「ごめんね～」といった表情でソムタムを机の上に置いた。「ノープロブレム」と言った後に、カオニャオを、おかわりした。

そのカオニャオの注文を旦那に告げると彼女は、すり鉢のもとに戻り、再びソムタムを作り始めた。確かに美味しいソムタムだった。僕には少し辛いけど。

## 25「露店親子の塩釜焼き」パクセー(ラオス)

味に鈍い僕が言うのは説得力がないが、東南アジアを旅していると美味しいコーヒーになかなか巡りあえない。砂糖とミルクもしくは練乳の入ったコーヒーというよりコーヒー飲料と呼んだ方がいい飲み物が出てくることが多い。これはこれで疲れた時には美味しいが、時にはブラックで飲んで美味しいなぁと思えるコーヒーも恋しくなる……ことに気づいたのは、この街で初めてコーヒーを口に含んだ時だった。

ラオス第二の都市と言われるパクセー。チェックインした後、部屋でトランクから衣類をタンスに移し、シャワーを浴びながら下着をまとめて洗濯し、少々、長い昼寝から目覚めると、アロハシャツを羽織り、ホテルのロビー内にあるカフェに立ち寄った。コーヒーを飲んで身体を起こしてから、夕食がてら街を一歩きしようと思ったのである。

僕の好きな酸味は少ないが、すっきりしていてクセがないコーヒーだった。何よりブラックで飲んで美味しく感じられることだけで嬉しい。この街の郊外には良質なコーヒー豆の獲れる高原がある。フランスの保護国時代、フランス人がコーヒーの木を持ち込み、それが産業として根付いたらしい。長い歴史の中で他国が入り、その土地に適した栽培を教えることで食文化が豊かになることもあるようだ。失う文化もあるのかもしれないけれど。

欲を言えば、もう少し静かな雰囲気の中で久しぶりのブラックコーヒーを味わいたかったが、それは叶いそうもなかった。僕がチェックインした時も多かったが、ロビーはジャージ姿の人たちで埋めつくされていた。ロビーに飾られた手作りの歓迎パネルの文字と日程から察するに僕の滞在中、この街で大きなスポーツ大会があるようだ。ラオス中から出場する選手や関係者がどっと押し寄せているのだろう。

街に出ても賑やかな雰囲気は変わらなかった。選手を乗せたバスと何台もすれ違い、街角にある決してグラウンドの状態がよくない野外のコートでは公式試合なのか練習試合なのかはわからないが、バレーボールの試合が行われていた。スタンド席があるわけでもなく、観客はコートの周囲に群がって観戦している。

しばらく歩くとメコン川に出る。既に太陽は傾き始めていた。この街に降り立った時には黄色だった太陽はオレンジ色に変わりつつある。濁った川の水面は宝石をちりばめたようにきらきらと光っていた。堤防道ではラオスの民族衣装である巻きスカートをまとった女性たちが一斉に露店の準備を始め、その脇を地元らしきラオス人の男性たちが川を眺めながら闊歩している。不自然な街の賑やかさとはまた違った賑やかさだった。これがこの街の持っている本来の賑やかさなのだろう。

それぞれの露店ではブロックを積み上げただけの小さな焼き場が組まれ、網の上には豚の部位や鶏を豪快に開いたラオス版焼き鳥「ピンカイ」が並ぶ。焼き場付近を通るとほんのりと熱い空気が漂ってくる。十二月のパクセーは一年のうちで一番涼しく過ごしやすいようだが、それでも日中は30度を超える。日中の暑さの余韻が残る中での焼き場は、さぞかし暑いだろう。焼き場に立つ女性たちの眉間の皺がそれを物語っていた。その表情から彼女たちの不機嫌な状態が想像でき、それが僕の足を鈍らせ、店がなかなか決められない。

斜め前の焼き場で灰とともに煙が上がった。焼き場の炭の中に何か落としてしまったようだ。焼いていた中年の女主人と目が合う。彼女は目をしばつかせながら、「煙たいわねぇ」と同意を求めるように顔をしかめながら笑い、炭火の中に落ちた豚肉の塊をトングで拾い上げて何ごともなかったかのように再び網の上に置いた。コミュニケーションのきっかけをもらった僕は焼き場に一歩近づいた。その店で食事をすることに決めたのである。

網の上には他の店と同じように鶏と豚が並んでいるが、その隣に、たっぷりの塩で覆われた塩釜焼きのような川魚が置かれていた。見た目のインパクトに思わず、その川魚を指して注文する。彼女は少々、驚いたように僕の顔を見た後、にやりとしてうなずいた。

焼き場の足元に置かれていたクーラーボックスを指し、「ビア」と言ってビールも注文する。焼き場の後ろでしゃがんでいた若い女性が顔を上げ、「ビア」とつぶやく外国人を確かめるように見た。女主人のＤＮＡをそのまま引き継いだような目がはっきりした顔立ち。店主の娘なのだろう。彼女はビールケースを台にして野菜を切っていた。その彼女の脇に竹の籠が見える。ということは、もち米を蒸したカオニャオがあるということだ。「アンド　カオニャオ」と言って竹の籠を指した。「カオニャオ」と外国人の僕が言うことが面白いのか、店主の女性は僕の発音する「カオニャオ」をマネするように言って笑う。

十名程が乗ったレガッタが川を流れていく。スポーツ大会の本番に向け、最終調整しているのだろう。絵画のように美しい光景とは対照的にプラスチックのテーブルと椅子の置かれた客席は落ち着かない。本来の賑わいには違いないのだが、机のすぐ隣を歩行者が通り、車が走り抜けていく。歩道があるわけでもない単なる堤防道の縁ギリギリのところで営業しているので、横から少しでも押されたら、テーブルと椅子と一緒に河川敷までごろごろと転がっていきそうだ。

娘がビールとグラスを持ってきてくれる。グラスは何となく汚れている気はするが、三カ月近く東南アジアを旅している間に、すっかり慣れてしまった。本当に汚れが気になる時は自分の着ているTシャツの裾で拭けばいい。よくよく考えてみれば自分のTシャツの方が汚かったりする。どちらにせよこの程度で死ぬわけじゃない……と思うようになっていた。そういった面では、多少、図太くなっているようだ。できることなら、もう少しひとり飯の店選びに図太くなってほしいのだけれど。

先程、娘が切っていたインゲンやハーブなどが盛られた皿がテーブルの上に置かれる。付け合わせのサービスだろう。ドレッシングはないので青臭いインゲンを嚙んではビールで流し込む。

　太陽の進む速度は変わらないはずだが、沈む間際の太陽の進む速度は妙に速く感じられる。太陽の下の部分が欠けはじめるとみるみるうちに小さくなっていった。完全に沈むと、赤く染まっていた堤防沿いの露店の光景が、うっすらと青白くなり、その後、みるみるうちに暗くなり、それぞれの店舗に灯る裸電球が目立つようになる。ちょうどその頃、魚料理とカオニャオが出てきた。いざ、テーブルの上に料理が置かれると魚は意外に大きかった。一人分にしては多い。だから女主人は僕が魚料理を選んだ時に驚いたのかもしれない。

「ホワッツ　ジス？」

　中学英語で魚の名前を聞いてみる。しかし、娘は困ったような顔で、

「フィッシュ」

　と返すだけ。僕の質問がよくなかった。

「ホワッツ　ネーム？」

　魚を指して言い直してみる。やはり彼女は困ったような顔で、

「フィッシュ」

と返すだけ。彼女の答えは決して間違っていない。彼女の困った表情を見ているうちに自分が若い娘をつかまえて、いじめている嫌な客のように思えてきた。ラオス語で「コープジャイ」とお礼を言うと彼女は笑った。店主の笑い顔にそっくりだった。

表面を塩で固められた魚の口にはハーブらしき草が突っ込まれている。塩を割るようにして魚を取り出し、手で身をほぐすようにしてから、つまんで食べてみる。塩味の中にハーブの香りがほのかに感じられる白身魚。これは美味い。

しかも、その魚を食べた手でカオニャオを丸くこねると、うまい具合に塩味が表面にいきわたり、もち米のおにぎりを食べているようでどれだけでも食べられそうだった。あっという間にカオニャオの籠が空になり、おかわりを頼もうと籠を持って手を挙げる。幸せな夕食の時間になりそうだ。

隣をジャージ姿の団体が通り過ぎていく。まもなく、この堤防もジャージ姿のスポーツマンたちで埋まりそうだ。

## 26「紙幣に戸惑いながらのぶっかけ飯」ニャチャン（ベトナム）

タイ紙幣のバーツからラオス紙幣のキープに変わり、今度はベトナム紙幣のドンに変わった。タイでは1バーツを3円と考え、ラオスでは1円を100キープと考えていた。その国の通貨を基準に考えるか、日本通貨を基準に考えるかで頭の中が混乱し始めている。

ベトナムの紙幣は更に頭を混乱させた。印刷された0の数をいちいち数えなくてはならない。100000ドン紙幣。漢数字で書くと十万という単位は日本円にすれば500円。つまり1円が約200ドン。

個人商店で値札のついていない1・5リットルのミネラルウォーターとスプライトを手にしてレジのカウンターに置いた。優しそうな背の高い中年男性が電卓をはじいて僕に見せる。表示板には11500の数字。ゆっくり考えれば、日本円に換算して約60円とわかるのだが、レジの前で瞬時に計算できる程、ベトナムの通貨は、まだ身体に馴染んでいない。とにかくお金を出さなくてはという焦りが先行し、計算する前に財布から紙幣を取り出そうとする。

ドンを日本円に瞬時に換算することはできないが、新しい国に到着して、新しい紙幣を手にしたら、とりあえず手元に持っている一番大きな紙幣をどんどん細かくくずしていくというクセだけはついていた。細かくしておいた方が、露店にしろ、タクシーにしろ、相手に釣り銭があるかどうかを気にしなくていいからである。大きい紙幣と細かい紙幣を交ぜながら、お釣りをもらおうとしていた。つまり、10万１５００ドンを出して9万ドンのお釣りをもらおうと無意識にしている。まず10万ドン紙幣を渡し、次に財布の中から１０００ドンを探して取り出し、最後に５００ドンを渡した……つもりだった。

しかし、男性から返ってきたのは、

「サンキュー」

という言葉だけ。あれ？　最初に出した紙幣は1万ドンだったのか。既に最初の紙幣は引き出しの中に入ってしまったので確認しようがない。しかし、サンキューということはちょうどの金額だったということなのだろう。

店の前の道を反対側に横切ったところで、ふと立ち止まる。どうも先程の買い物が腑に落ちない。もう一度、確認してみようと財布を取り出し、改めて中身を確認する。大きなため息を吐いた。ベトナム紙幣の中にタイの国王が描かれたバーツもラオスの初代首相が描かれたキープも一緒に交ざっている。国を移動する度に財布から紙幣を全て出し、整理しなくてはいけないと頭ではわかっているのだが、後でやろう、後でやろうと日々を過ごしているうちに一カ月が経っていた。

タイとラオスとベトナムが交ざり合う紙幣の中から緑色がかった10万ドン紙幣と茶色がかった1万ドン紙幣の二枚を取り出してみる。やはり先程、店で出した時の緑色の紙幣の残像が頭に残っている。

「私は平和ボケしそうになるとベトナムに行くんです。彼らの狡賢さは、脳の刺激にはいいですよ。何といってもアメリカを相手にベトナム戦争をくぐり抜けた国なんですからね」

タイの田舎町に住む初老の日本人とお目にかかった際、彼が言っていたことが頭を過った。

店の方を振り返る。店主が僕の方を見ているように感じられた。相変わらず笑みを浮かべているが、一度、疑いの目がかかると底なし沼のような猜疑心で人を見るようになる。会計を済ませるまでは優しそうに見えていた微笑みが今では腹黒くほくそ笑んでいるように見えてしまう。最初から僕が1万ドン出していたという可能性も否定できないのに。

ホテルに戻り、スプライトを飲みながら、財布から全ての紙幣を取り出した。タイのバーツ紙幣とラオスのキープ紙幣をそれぞれ封筒に入れ、サインペンで国名を書いて、トランクの中に収める。その後、ベトナム紙幣の1万ドン以上の紙幣と1万ドン以下の紙幣を分け、改めて財布の中に入れた。既に七種類の紙幣が手元にあり、どの紙幣にもベトナム独立の指導者で首都名にもなっているホー＝チ・ミンが描かれていることを改めて知った。こうして紙幣の仕分けを済ませると再び街に出た。

ニャチャンは本来、漁港の街として知られている。しかし、数カ月前には世界の美女が集まるミス・ユニバースが、この地で開催されるなど、現在、世界中が注目するベトナムのリゾート地になりつつある。

欧米人を中心に観光客も多い。そのせいか、メインストリートは観光客向けの派手な内装の飲食店も多く、呼びこみ専門のスタッフが立つ店もある。新婚らしきベタベタカップルから悠々自適に暮らしていそうな老夫婦まで吸い込まれるように店内へ入っていく。カップルが多い中に一人で入った時の居心地の悪さを想像するとどうしても素通りしてしまう。

メインストリートから少しはずれた小道に入る。たったそれだけで人の数がぐっと減り、観光客と地元の人の割合が逆転した。一気にリゾート地から海辺の田舎町にやってきたという雰囲気になる。

華やかな装飾が施されたレストランとは対照的に電気が一つも灯っていない薄暗い食堂が目に留まる。客はベトナム人らしき男性が一人だけ。皿の上に盛られたご飯の上におかずを載せた「ぶっかけ飯」を食べていた。

食堂の入口付近には化粧っ気のない中年女性が立ち、隣に置かれた丸椅子に座る初老の女性と気だるそうに世間話をしている。中年女性の前に置かれたテーブルには様々な料理が入ったシルバーのトレーが並んでいた。肉料理も魚料理も野菜もあり、たいていは汁気の多い煮込み料理が多い。マレーシアでもタイでも似たようなスタイルの食堂に入ったことがある。食べたいおかずを指すとご飯の上にかけて出してくれるのだ。

僕が近寄っていることに気づいた店主は大きな釜の中にあるご飯を皿によそいながら相変わらず初老の女性と話し続けたまま、時折、僕の方を見ながら注文を待っていた。

僕がトレーの中身を物色している間にテーブルで食べていた唯一の客が席を立つ。そして、僕の目の前でお金を支払い去っていった。こういった食堂は先払いだとばかり思い、先に財布を用意していたが、この店は先に払っても後に払ってもいいようだ。とは言え、先に支払っておいた方が気は楽である。いや、待てよ。先に支払い、後から、まだ払ってないと言いがかりをつけられたりしないだろうか。そんな可能性はないに等しいのだが、先程の商店での一件で、異常なまでに被害妄想が湧き上がってくる。

豚肉らしき物が煮込まれた料理を指し、彼女がおたまですくってご飯の上にかけている間に何気なく財布をしまった。後から支払うことにしたのである。皿を両手で受け取ると、そのまま簡素なテーブル席についた。彼女は再びおしゃべりに戻った。

皿の上に盛られたご飯の脇からはタレが染み出していた。つゆをたっぷりかけてくれたようだ。ご飯の上に載ったトロトロに煮込まれた物はほとんどが豚肉の脂身だった。どうやら脂身だけを集めた煮込み料理のようだ。脂身＝焼き肉の前に鉄板に載せて油代わりにひくイメージしか僕にはないが、これはこれで食べてみると意外に美味しい。口の中で脂身が溶け、煮込んだタレが絡んだご飯と混ざり合っていく。あっという間にたいらげてしまった。

「ハウ　マッチ？」

席を立って聞くと、彼女は指で1の数字を表した後に手のひらを広げるように5の数字を表した。

ホテルで区分けしてきた財布から1万ドン札と5０００ドン札を取り出し、中年女性に渡した……つもりだった。しかし、彼女は薄い緑色っぽい１０００ドン札をひらひらさせながら、ノーノーと言った。今度はゼロが一つ足りなかったようだ。この国の紙幣に慣れるまでにもう少し時間がかかりそうだ。

## 27「イスラムの国なのに豚料理」ウブド（インドネシア）

ほんの数メートルの移動で、ずぶ濡れになる程の激しい雨。その雨は十分程度で嘘のように上がり、雲の隙間から鮮やかな青空が見える。雨季の空である。

雨が上がると同時に観光地の一つウブド王宮で僕と同じように雨宿りしていた外国人観光客をぬうようにして、数十メートル先にある豚の絵が描かれた看板に向かった。豚の丸焼き料理「バビグリン」を出す店である。

本来、インドネシアは豚を食べることを禁じるイスラム教徒が大半を占めている。しかし、この店にはバリ島の住民が毎日、押し寄せる。彼らはイスラム教徒ではない。島民の九割以上がヒンズー教徒というインドネシアの中では特別な島なのである。よって豚を食べる。四世紀頃、ヒンズー教がこの島に伝わり、それ以来、様々な変遷を経て、バリヒンズーなるこの島独特の宗教文化ができあがった。

田園に囲まれたウブドという村に滞在している。オランダがこの島を支配していた一九三〇年代、欧米から様々な芸術家が、この島に渡ってきた。彼らが住む場所として選んだのは海辺の町ではなく、ウブドという海から離れた、小さな村だった。風習や芸術など、ウブド独特の不思議な世界観に魅せられたのだろう。それは欧米人だけではない。僕が宿泊していた一つ一つの部屋が独立した家屋のコテージ型ホテルは、まさにウブドに魅せられてバリ島に移住した日本人の溜まり場だった。コテージを経営しているバリ人の奥様が日本人ということもある。おかげで僕も日本語を思う存分、話すことができ、次第にウブド在住の日本人とも仲良くなり、気づいたら一カ月滞在していた。

チヂミとオムレツを足して二で割ったような卵料理「フーユンハイ」は店によって味付けが違うこと、鳥のダシで煮たチキンライスに焼いたチキンを添えた「ナシアヤム」の有名な店は午後には売り切れてしまうこと、円錐状にした紙の中にご飯を入れ、その上に卵、サテ（焼き鳥）、茹で野菜、鶏肉の煮込みなどおかずを放り込むインドネシア版弁当の買い方など様々な現地の食事について教えていただいた。

中でも気に入ったのが王宮近くのバビグリンの店だった。丸焼きの豚肉と聞くとバーベキューなど網で焼く肉に近いイメージがあるかもしれないが、遠火でじっくり焼き上げるせいか、まるで蒸したかのような柔らかい肉に仕上がっている。一緒に添えられるカリカリに焼かれた豚の皮や揚げた内臓も香ばしく、こちらはインドネシアのビール「ビンタン」によく合う。

地元の客に人気の店だが、観光地に近いこともあり、外国人観光客も多い。一人で来店する方も多いので、ひとり飯の店としても入りやすかった。一カ月も滞在していた僕は肌がいい具合に焼け、元々、顔のつくりが濃いこともあり、バリ人と間違えられることさえある。そうなると更に調子にのり、バリ島在住の住民のように一人で堂々と店に入って行くことができるようになっていた。単純な性格なのだ。

テイクアウトもできる店なのでレジのある入口近くはいつも人で溢れ、人をかき分けるようにして奥に入っていく。大広間のような場所でサンダルを脱いで上がり、ずらりと並ぶ長机の空いている空間に座る。立ち食いそば屋のカウンターのように全てが相席といった雰囲気に似ている。四人掛けの椅子席も外にあるが、僕はサンダルを脱いで、あぐらをかいて食べる方が好きだった。

メニューは普通か大盛り、後は飲み物しかないので、優柔不断な僕には楽である。

注文をとりに来た女性に「ビンタン」と「バビグリン」と言って指で数字の1を表すだけ。それでビールと普通盛りのバビグリンを注文したことになる。

一度だけバビグリンを作る過程を拝見したことがある。宿泊していたコテージのオーナーの弟の結婚式があり、準備から参加させていただいた時のことだった。バリ島では結婚式の準備は村の人の手作りでまかなわれる。儀式を行う舞台でさえも自分たちで組む。料理も村の男たちによって作られ、そのめでたい席の料理にバビグリンは欠かせないらしい。

結婚式前日の夕暮れ、敷地内に三匹の豚が軽トラックで運ばれてくる。一旦、庭につないでおき、結婚式当日の午前三時頃、村の男衆が集まる。四名程で豚を押さえつけ、四本足を紐でひとくくりに縛る。念仏のような文言を唱えながら聖水をかけ、躊躇なく喉にナイフを入れる。

滴る血をたらいに受ける間に豚は徐々に目を細め、絶命していく。たらいに受けた血も一滴残らず、料理に使う。絶命した三匹の豚は軽トラックに積み込まれ、近くの川へと向かう。川べりに降ろされた豚に油を塗り、ライターで火を放つ。表面の毛を全て焼き払う。豚は一気に炎に包まれ、丸焦げになっていく。あまりにも衝撃的な光景が儀式のように淡々と行われていく様は、僕から感情と思考を奪い取っていった。

豚から炎が消え、身体から煙があがっている間に、今度はひっくり返して、仰向けにする。豚の腹がナイフで引き裂かれ、腸などの内臓が引きずり出される。絶命して間もないため体温がまだ高いのかそれとも毛を燃やした熱が伝わっているのか内臓から湯気があがる。血にまみれた内臓を川の水で洗い流す。これらも全て料理に使われる。徐々に僕の感情と思考が戻り始め、最初に浮かんだ言葉は「神聖」だった。これが何世紀にもわたって、この島で受け継がれてきた食文化なのである。

この光景を思い出すとバビグリンが食べられなくなるかもしれないと思ったが杞憂だった。「いただきます」に込める感情が増えたくらいで、結婚式で出されたバビグリンを何の抵抗もなくいただき、それから三日も経つと再びバビグリンの店までやってきている。

僕の前に座った地元の人は右手でご飯と豚肉を混ぜ合わせながら、慣れた手つきで食べていた。隣に座る外国人観光客はスプーンで食べている。手で食べる現地の人とスプーンで食べる観光客が同じ空間、同じテーブルの中に存在するのは面白い。

彼らが食べ物をつかむ時の独特の指先の動きが好きだ。まるで、それぞれの指が意思を持ったようにご飯を引きよせ、すくい上げるようにして口に持っていく。

手で食べる習慣は、イスラム教もヒンズー教も共通している。ご飯は神からいただいたものであり、それをスプーンやフォークなどで食べることは不浄とする考えがあるそうだ。ただ、そうは言いつつも、「ナシゴレン」と呼ばれる焼き飯の場合、普段、手で食べている現地の方がフォークとスプーンを使って食べるのを見かけたことがある。日本語を話すインドネシア人に手で食べる場合とスプーンで食べる場合の違いを尋ねたことがあるが、彼も首を傾げ、結局、納得のいく理由は見つからなかった。時が流れる間に、自然に、これは手で食べる物、これはスプーンで食べる物と分かれてきたのではないだろうか。僕たちが刺身は箸で食べるのに、握り寿司は手で食べるように。

僕は周囲が手で食べる時は、ぎこちないが手を使い、スプーンで食べる時は、スプーンを使っている。郷に入っては郷に従えというよりは、場の空気に従うといった感じである。よって、本日は目の前の人が手で食べているので僕も手で食べることになるだろう。

ただ、手で食べようと思っている時にビールを飲んでいると厄介なことが起きる。

料理がやってくるまで無意識にビールは右手で注ぎ、右手でコップを持って飲む。そこへ料理がやってくると今度は右手でご飯を食べ始めるため、右手は油まみれになる。となるとビールは左手で飲まなくてはならない。自然に注ぐのも左手になる。たかだか手をスイッチするだけなのだが、これが面倒に思えることがある。気にしなければいいと言われそうだが、気になり始めると気になるのだから仕方がない。

効率から考えるとビールを右手で飲んでいるのなら、左手で食べればいいのかもしれない。しかし、これはスプーンやフォークで食べることが不浄というレベルではないくらい不浄な行為らしい。僕たちはトイレで用を足す際、トイレットペーパーを使用するので関係ないが、彼らは水を使いながら、左手でお尻を拭くという風習がある。よって左手は不浄と考える。ならば最初から左手でビールを注げばいいのか。いや、それも不浄なのか……などと様々なことを考えていくと頭が混乱する。

結局、考えることが面倒になり、スプーンで食べることにした。

## 28「ホテル籠りのシジミ食い」プノンペン（カンボジア）

滞在しているホテルの部屋の窓から対面《トイメン》に建つマンションのベランダが見える。そのベランダの一つに置かれたビーチチェアに座る老人と目が合う。

「お前、まだそこにいたのか」

まるで未来の年老いた自分から問いかけられているように思えた。この老人と目が合うのは何回目だろうか。その前に何日目なのだろう。

この街に到着してから最初の二、三日は街を歩いていた。プノンペンはポル＝ポトという一人の狂信的な独裁者に一般市民が虐殺された歴史が記憶に新しい街である。

ホテルから出なくなって三日。つまりプノンペンに到着してから五日目。街に出る気力が全くない。アジアの旅に出てから既に四カ月。その前の世界一周に出発した時から数えれば約一年。こんなことは初めてだった。好奇心が摩耗してしまったようだ。

何に対しても興味が湧かないのである。恐らくバリ島で日本語を話し続けた一カ月も影響しているのだろう。どこか祭りの後の虚しさに似たものも感じていた。

食事は全てホテルの一階にある中華系のレストランで済ませてしまう。ガニマタ歩きでペタペタとサンダルの音をさせ、いつもつまらなそうに注文をとりに来るウエイトレスに朝はサンドイッチ、昼はラーメンのようなスープ麵、夜は焼き飯といったどこの国でも食べられそうな料理をローテーションで頼み、惰性で口に放り込む。後は部屋のベッドの上でほとんどの時間を過ごす。ケーブルテレビから流れるハリウッド映画やNHKの海外向け日本語放送を観ながら、時折、やってくる眠気に流されるまま、うとうとと眠り続けた。

尿意で目を覚まし、ようやくベッドから降りる。バスルームから戻る際、冷蔵庫から買いためておいたビールもしくは缶コーヒーを取り出し、窓の近くに置かれた椅子に座って、眼下に流れる街の風景を眺めながら飲む。

三人乗りが当たり前のバイクが走り抜け、物売りが揚げ物を入れた籠を頭の上に載せて歩いていく。ホテル前に並んだ二輪タクシーの脇では運転手たちが客待ちをしている。カードゲームをしている者もいれば、バドミントンの羽根を長くしたような羽根を落とさないように蹴り合う「ダーカウ」なる遊びに興じる者もいる。ホテルから客が出てくると一旦やめて勧誘に走り、客がとれなければ、また遊びに戻る。代わり映えのしない光景を見た後、顔を上げるとたいてい対面《トイメン》のベランダに座る老人も僕と同じ風景を見ている。そして、時折、目が合うのだ。

「観る」「眠る」「眺める」、この三つを飽きもせずに、いや、飽きていることすら気づかずに続けながら引き籠っていた。旅先なので旅籠りと呼ぶのかもしれない。

窓の下に新しい登場人物が現れた。荷物を運ぶための台車「大八車」を引いた小柄の中年女性。台の上には小さな貝が山のように載っている。

買った中年男性が受け取ったビニール袋から貝を取り出して口の中に放り込み、しばらくすると貝殻らしき物を口から吐く。どうやら、そのまま食べられるようだ。店主の中年女性と笑顔で世間話をしている。そういえば、ここ数日、僕は笑っていないような気がする。笑うどころか微笑みさえ浮かべていない。

Tシャツに短パン姿のまま、サンダルを履き、財布と鍵を持つと咄嗟に部屋を出た。何かを断ち切るように。エレベーターに乗ると何気なく顎に手を当てた。伸びた髭の感触が、ここ数日の怠惰な生活を物語っている。

玄関から外に出ると遊んでいたタクシーの運転手が勧誘のために寄ってくる。首と手を振りながら大八車を指す。運転手は断られることに慣れているのか、特に表情を変えることなく、また元の遊び場に戻る。

大八車では、デニム生地のハーフパンツにTシャツ姿の若いあどけなさの残る女性客が買っているところだった。売っている中年女性はツバの長い帽子をかぶり、長袖Tシャツに巻きスカート。服装が対照的である。

売られている貝はシジミ。水平に保たれた荷台の上は塩まみれのシジミと唐辛子まみれのシジミで紅白に分かれている。中年女性が空き缶でシジミをすくい、ビニール袋の中に手際よく詰めていく。詰めている間に客の女性は荷台の上のシジミを一つつまみ、そのまま歯で割りながら中身を食べる。特に美味しそうな表情をするわけでもなく、いつもの味を確認するように。ポテトチップスの袋程の大きさのビニール袋に塩味のシジミだけを山程抱えて去って行った。とても一人で食べきれる量ではない。家族か仲間で食べるのだろう。

僕はいつものように指で「1」の数字を表して買ってみることにする。どうせなら二つの味を食べ比べてみようと両方を交互に指すと彼女は笑ってうなずいた。その笑顔につられて、僕も久しぶりに笑顔になる。彼女は缶に山盛りのシジミをビニール袋に入れ始める。

「そんなにいらない。いらない。缶の半分でいいです」

日本語と親指と人差し指で少しというジェスチャーで彼女がすくった缶に入っていたシジミを減らすように伝える。シジミが何日も保存できるとは思えないし、そもそも口に合うのかどうかさえもわからない。先程の彼女のように詰めている間に一つ取って食べて味を確認すればいいが、そういった何気ない行動が僕にはできなかった。

先程の女性が3000リエル（約75円）支払っていたことを考えると2000リエル（約50円）くらいだろう。財布の中を見るとリエル札はほとんど入っておらず、ドル紙幣が入っているだけ。この国の基本通貨はリエルだが、通常の生活でもドルを普通に使うことができる。ドル紙幣で支払うとその時のレートで計算し、現地通貨のリエルでお釣りをくれる。ATMで紙幣を引き出す時もリエル紙幣ではなくドル紙幣で出てくる。よって僕は、この街に来てから一度も両替というものをしていない。

彼女に1ドル紙幣を渡して釣り銭を待った。しかし、お釣りを返してくれそうにない。お釣りがあることは彼女もわかっているのだ。彼女の「お釣りももらっていい？」的に悪戯《いたずら》っぽく笑う姿に思わず僕も笑ってしまい、うなずいて、その場を去った。ほんの少しだけ僕に笑顔を取り戻させてくれたお礼でもある。

せっかく外に出たので、もう少し散歩しようとも思ったが、いざ歩き始めると、シジミの入ったビニール袋が意外に邪魔に感じられた。しかも数日ぶりに浴びるプノンペンの太陽は予想以上に身体にこたえる。結局、ホテルに戻ってきてしまった。

部屋に戻るとシジミをビニール袋からガラスのコップに移し替える。そのままビニール袋から出して食べてもいいのだが、自分の怠惰な生活に逆戻りするような気がしたのだ。

冷蔵庫からビールを取り出す。アサヒのスーパードライ。日本のビールである。繁華街で一番大きなデパートの中にあるスーパーで、この街に到着して最初に購入した物である。カンボジアのビール「アンコール」も売っていたのだが、その隣に見慣れたアサヒのスーパードライが並んでいるのを見たらついつい手が伸び、まとめて十本購入したのである。しかも「アンコール」ビールと同じ値段の一本0・6ドル。たいてい地元のビールより日本のビールの方が高いはずである。現にその隣に並んでいるシンハービールやハイネケンは1ドルである。ひょっとするとスーパードライの現地工場が国内にあるのかもしれない。そう考えると日本で飲むスーパードライの味と少し違うような気もする。

唐辛子をまぶしたシジミを一つ手に取って開けようとするが、手では到底、開きそうもない。先程の女性が口でこじあけていたように前歯で挟んでみる。予想以上に固い。奥歯で噛もうと口の中に放り込んでみる。貝殻にまぶされた唐辛子が口の中に入ってくるわ、殻を開くことができないわで七転八倒。結局、最後は噛み砕いてしまう。その後が大変だった。じゃりじゃりした舌触りの中から柔らかい貝の食感は感じるが、粉々の殻だけを吐き出すことが難しい。結局、まどろっこしくなり、ティッシュの上に全てを吐き出してから、貝だけを取り出し、再度、口に放り込む。一旦、口から出した物を再度、口に入れる行為はあまり気持ちのいいものではない。

次のシジミは口に放り込んで奥歯に挟んで噛むところまでは一緒だが、噛み砕かないように、ガリッと割れ目だけがつくようにコントロールし、その後、一旦、吐き出し、割れ目のところから貝を取り出すようにした。しかし、これも、なかなかうまくいかない。それぞれのシジミで殻の固さも違えば、歯の微妙な力の入れ具合も慣れていない。最初と同じように強すぎて噛み砕いてしまったり、弱くて全く割れなかったりする。

塩味も唐辛子味も、ビールのつまみには合う。しかし、このシジミを全て歯で嚙み砕いて食べるには限界がある。五個も食べる頃には既に手が伸びなくなってしまった。

結局、窓からの景色をつまみに飲むといういつものスタイルに戻ってしまった。対《トイ》面《メン》のマンションのベランダでは、相変わらず老人がビーチチェアに座っていた。

## 29「妄想パッタイ」バンコク(タイ)

インドのビザを取得するためにタイの首都バンコクに移動した。カンボジアのインド大使館で取得してもよかったが、ホテルに籠り気味の日々を断ち切りたかった。しかし、国を移動したからといって、一旦、染みついたライフスタイルをそうそう変えることはできない。ビザの申請には行き、後は五日後に受領するだけで特にすることはない。そう思うと一気に気が抜け、コンビニエンスストアでミネラルウォーターとスナック菓子を買い込み、部屋に戻ると、ベッドの上でテレビを観始める。だらだら過ごしているうちにあっという間に一日が終わってしまう。救いは部屋に冷蔵庫がなかったこと。単調な味のスナック菓子とぬるいミネラルウォーターだけでは限界があった。仕方なく、一日に一度は、ホテル近くのカオサン通りにあるカフェに向かう。

バンコクはここ数年の間に二度程、訪れたことがある。どこのエリアも活気を感じるが、今回、初めて訪れたカオサンエリアは活気に怪しい雰囲気が加わる。それがこの街の魅力なのだろう。その怪しさに魅せられてやってくるのか世界中のバックパッカーの人気の場所として知られている。毎日が祭りのような賑わいを見せるカオサン通りは、二人組、三人組などグループで来ている旅行者も多いが一人旅も多い。そのせいか一人でカフェに入っている人たちも多く見られ、僕のようにひとり飯が苦手な旅人が入りやすい雰囲気でもある。

前面の壁がない開放的なオープンカフェの店に入る。既に同じ店に通って三日目。メニューを見ることもなくタイ人の女性店員にタイのビール「チャーン」とタイ料理「パッタイ」を告げる。バンコクの暑さも影響あるが、好奇心の摩耗は食欲までも奪っていた……と書きたいところだが一番の原因はスナック菓子による慢性的な満腹感だと思う。どちらにせよ食欲がない時には、この甘酸っぱい焼きそばが食欲を絞り出してくれた。タイ語で「パッ」が「炒める」、「タイ」はタイ王国の意味で、直訳すると「タイを炒める」ことになる。ビーフンを炒めた焼きそばのような食べ物になぜ、この名前がついたのかはわからない。第二次世界大戦時、食糧危機に直面した政府が米の消費量を抑えるために米粉で作られたビーフンを使用する料理を紹介した食べ物が広がり、現在ではタイ料理の定番の一つに数えられるようになった。

ビールを飲みながら、パッタイを待ち、店内に設置されたテレビから流れるヨーロッパのサッカーの試合を眺める。決してサッカーに詳しくないので、ヨーロッパのどこの国のリーグ戦なのかよくわからないし、さほど興味もない。ただサッカーの試合を観ることは好きだ。本日の試合はパスミスが多く、今一つしまりがないつまらない試合展開だった。まるで今の僕の生活のようだ。

カオサン通りに目をやると相変わらず人通りが激しい。賑やかな通りの近くの席に座っていると、ふとした瞬間、自分の座っている場所と通りが一体化し、周囲だけが動いていて、座っている自分だけが取り残されたような孤独感を覚えることがある。その後に不気味な寂しさが湧き上がってくる。それを避けるためにも通り沿いのオープンテラスから離れた店内に座っていた。ここであれば通りの人混みを客観的に見ることができた。

オープンテラスの席に紺と白のボーダーのTシャツを着た若い男性が座った。テーブルの上には日本語のガイドブック。日本人であることは間違いない。タイミングを見計らって話しかけてみようかなぁと人見知りの僕にしては珍しい考えが過った……だけだった。

すぐに体格の立派な髭だらけの中年の欧米人男性が通りからオープンテラス越しに彼に声をかける。待ち合わせもしくは知り合いと会ったのかと思ったが、日本人男性の表情と対応から察すると初対面のようだ。オープンテラスで飲んでいるとこういった出会いもあるらしい。そして、ボーダーシャツを着た二人が一緒に飲み始めた。つまり欧米人も白と色褪せた茶のボーダーのラガーシャツを着ていたのである。

「あなたがボーダーのシャツを着るとゲイと勘違いされるからやめた方がいいよ」

ゲイの友人が、僕にそう言ったことがある。意識したことはなかったが、どうやら僕はゲイが好むファッションが好きなようで、そのせいかゲイに間違えられることが時折ある。旅の間も外国人の男性から声をかけられることが幾度かあった。不思議なもので、たとえ言葉はわからなくても目や口調でゲイとわかる。声をかけてもらえるだけありがたいと思わなくてはいけないのかもしれないが、残念ながらと言っていいのかどうかわからないが僕はゲイではない。よって「ノーノー」と手を振りながら、「ゲイ」ではないことを意思表示してコミュニケーションを終えることになる。

オープンテラスの二人は意気投合したようで、タイのもう一つのビール「シンハー」を頼み、「カンパーイ!」と日本語を発し、ビールを一気に飲み干す。そして、すぐにおかわりを頼む。決して声は大きくないが二人とも何かから解放されたようにテンションが高い。若い男性の体つきを確認するように舐めるような中年男性の視線とスキンシップの多さ。まんざらでもなさそうな日本人男性の表情。アルコールで想像力が大きくなっている僕には二人はゲイにしか見えなかった。

二人の空気を壊すかのように民族衣装を着た物売りがやってくる。僕がオープンテラスに座らないもう一つの理由。オープンテラスの席では、こういった物売りが次々と現れるからだ。彼女は木製のカエルの背中に木の棒を当て、こするとカエルの鳴き声のような音を奏でる置物を勧めていた。

「今、いいところなんだから邪魔するな」

といった感じで中年男性は怖い形相で物売りを払いのけた。

彼らが席についてからほんの十五分程度。それぞれ二本のビールを空にすると中年男性が日本人の彼の分まで全て支払い、彼らは一緒に店を後にした。もちろん単に飲んで別れただけの可能性もあるが、下世話な僕の妄想は広がるばかり。そういった怪しげな妄想をさせてくれるのがカオサンという場所でもある。僕は、もう一本ビールを追加し、机の上に置かれたままになっていたパッタイを口に放り込み、再びサッカーに目を戻す。いつの間にかスコアの数字が変わっていた。

二人組の男性が座っていた席に肌の露出度が高いタイ人女性二人と背の高い欧米人の男性二人が座った。僕の妄想は止まらない。欧米人への不自然な密着度から察すると売春婦に見える。バンコクの売春婦は二万人とも三万人とも言われている。もちろんカオサンだけが活動エリアではないだろうが、こういった売春婦たちがカオサンの怪しげな雰囲気に一役買っている。

それにしては、かなり年増の売春婦である……と思ったが、以前、風俗店に勤める女の子たちから話を聞く機会があり、その際、この仕事をしていると老けるのが早いと嘆いていた。避妊薬を習慣のように服用する人も多く、その副作用で太ってしまうこともあり、別の薬を服用する人もいるとも聞いた。身体に負担がかかることは言うまでもない。意外に彼女たちは見た目より若いのかもしれない。

テーブルの上には2リットル近いビールの入った巨大な試験管の形をしたビールサーバーが置かれた。どうやらこの店の名物らしい。オブジェとしてもかなり目立つので周囲の客の注目を集めていた。中のビールはみるみる減っていく。ほとんど飲んでいるのは女性一人である。既にこの店に来た時から酔っぱらっていたが、更に加速している。タイ語で欧米人にビールを飲み干すように強要する。ビールサーバーに手を伸ばす度に席を立つのだが、そのうち面倒になってきたのか、ついには立ったまま、ビールを飲み始めた。どんどん声は大きくなる。僕はサッカーを見ているふりをしながらも意識は彼らのテーブルに釘付けだった。

もう一人の女性が鞄の中から携帯電話を探って取り出し、酔っぱらっている女性に携帯電話を渡した。どうやら彼女の携帯電話が鳴っていたようだ。彼女は立ったまま電話で話しながら、ふらふらとカオサン通りに出てどこかに行ってしまった。誰も追いかけようとはしない。逆に欧米人の二人組はホッとした表情を見せた後、苦笑いを浮かべた。

しばらくすると彼女は両手に緑色の液体の入った瓶を二本持って帰ってきた。滋養強壮なのか肝臓にいい薬なのかはわからないが苦そうに一気に飲み干した。その苦さを消すようにまたビールを呷《あお》った。そして、もう一本は仲間の女性に飲めと強要する。酔っぱらっている中にも彼女の本質にある優しさを感じた。そして、彼女はますます暴走していく。どこか憎めない彼女の暴走ぶりを見ているだけで僕の枯渇していた活力に刺激を与えてくれるような気がした。

# 30「ルームサービスのぬるいビール」デリー（インド）

ブレーキが壊れたのは僕を乗せたせいだと修理代を請求するバイクタクシーの運転手、靴磨きを頼んだ際、靴を脱がされ、穴も開いていないのに勝手に縫って料金を吊りあげる靴磨きの少年たち、プリントアウトをお願いしたら店側で失敗した枚数も一緒に加算するインターネット店の店主……一年前なら笑って済ませていたインド人の行動が鼻につく。僕の表情はどんどん険しくなっていた。

最終目的地のインドに到着したのに高揚感は全くなく、逆に心が荒《すさ》んでいくような気がする。こうなると再びホテルに籠りがちになる。散歩に出掛けても、すぐに疲れて帰ってくる。ルームサービスのひとり飯の食事の回数は、この一年間の旅の中で最も多く、既に五日連続。

卵料理にトーストを添えた朝食メニューと焼き飯、後は何種類かあるカレーくらいしかメニューはない。しかし、このホテルのカレーは僕の口に合う。それもホテルに籠り気味になる理由だった。

一年前に訪れた際、立ち食いのカレー屋や区分けされた皿に何種類ものカレーが載ったターリーと呼ばれる定食を出す店などでいくつかのカレーを食べたが正直、美味しいと思ったことはなかった。僕が好きな小麦粉の入ったドロッとしたカレーではなく、スープのようなカレー、もしくはカレー味の野菜のごった煮といったカレーが多かった。もちろんこれがインドのカレーで、僕が好きな小麦粉入りのドロッとしたカレーは、明治時代、日本の海軍が改良した物なのだ。しかし、このホテルのカレーに限っては小麦粉を多少、使っているのか、それとも単に煮込みすぎて、じゃがいもが溶けてしまったためにトロミが出てきているのかはわからないが、僕の好みに近いドロッとしたカレーだった。このカレーを食べると気持ちが昂るまでにはいかないにせよ、少しだけ元気が出た。

外のカフェからホテルに帰り、フロントでキーを受けとり、エレベーターホールに向かうとたいてい黒いパンツに白いシャツのインド人が現れ、

「ルームサービス？」

と声をかける。彼らは客の荷物を運ぶポーターはもちろんのこと、様々な雑用なども請け負っていて、ルームサービスも彼らが運んできた。たとえ少額でもチップがもらえるからか彼らは嬉しそうに近寄ってくる。そしてもう一つ彼らが聞くことがある。

「ビア？」

だった。ルームサービスのメニューにはアルコールは書かれていない。公園などパブリックスペースでの飲酒が禁止されているこの街では、どこでも簡単に酒が飲めるというわけではなかった。もちろんレストランやバーでは酒は飲めるが、食堂や屋台のような場所にはたいていアルコールは置かれていない。よってアルコールが飲みたくなると中華料理屋かスポーツバーのような場所に行って飲むか、後は酒屋で買ってホテルの部屋で飲むしかない。しかし、部屋に冷蔵庫がないため、せいぜいウィスキーの小瓶程度。

それが初めてルームサービスでカレーを頼んだ際に状況が変わった。

「ウィズ　ビア？」

という質問が返ってきたのである。

「ドゥ　ユー　ハブ　ア　ビア？」

思わず逆に聞き返した。三十分後、カレーと一緒に冷えたインドのビール「キングフィッシャー」が運ばれてきた。インドで一番飲まれているすっきりした味のビールである。

カレーやチャイなどはチェックアウトの際、まとめて精算するので伝票にサインする。しかし、ビールだけは現金払いだった。ホテルのサービスではなく、彼らスタッフが独自で行っているサービスのようだ。一本100ルピー（約200円）。酒屋で購入すれば、もう少し安い。きっと100ルピーの中に彼らの取り分も入っているから仕方がない。それでも中華料理屋やバーの値段と比べると約半分の値段。こうして僕は毎日、キンキンに冷えたビールをホテルの部屋に届けてもらうようになった。

次第に、あの日本人はビールを飲むぞという噂がスタッフの間に広まったらしい。僕がホテル内を歩いていると、スタッフは挨拶代わりのように「ビア？」もしくは「キングフィッシャー？」と聞いてくる。朝から聞かれることだってある。

そして本日も中年男性スタッフがエレベーターを待つ僕のもとに忍び寄ってきた。初めて見る顔である。彼も他のスタッフと同じように「ルームサービス？　ビア？」と聞いてきた。

「じゃ、チキンカレー　アンド　キングフィッシャー」

日本語と英語を交じえ、いつもと同じように頼み、その後で部屋番号を告げた。

「キングフィッシャー　イズ　グッド　ビア」

蝶ネクタイ姿の彼は満面の笑みで100ルピーを受け取ってビールを取りに行った。いつからだろう。ビール代だけは先に支払うようになっていた。

たいていエレベーターホール前で注文し、部屋に戻り、シャワーを浴び、洗濯をして、干し終える頃、部屋のベルが鳴り、カレーとビールがやってくる。しかし、この日は三十分以上経っても、ベルは鳴らなかった。シャワーはもちろんのこと、洗濯も終え、テレビを眺めていた。この旅の間に様々な言語の吹き替えで何度、観たかわからない「スパイダーマン」。

一時間経ってもやってこない。カレーはともかくシャワーの後、ミネラルウォーターも飲まないで我慢していたので、冷えたビールを早く飲みたかった。しかし、催促しようにも一部のスタッフ独自のサービスであろうビールを誰に催促していいかわからない。一旦、ドアを開けて廊下に誰かいないか探した。もし、近くに別のスタッフがいたら伝えてもらおうと思ったのである。しかし、人の気配はなかった。

迷った挙句、フロントに電話して催促をした。

「一時間前にカレーを頼んだが、まだ来ていない」

片言の英語でカレーのことだけ言い、ビールのことは言わなかった。

きっとフロント係から彼らは怒られるかもしれない。ひょっとするとこういった問題からスタッフがビールの注文を勝手に受けていたことまで発覚し、ビールサービスがなくなるかもしれない……いや、インド人の図太さからするとそれはないとは思うけれど。

電話を切ってから五分後、部屋のベルが鳴った。ドアを開けると先程のサービス係の男がふてくされたように立っている。お盆にはカレーしか載っていない。テーブルの上にカレーを置くといつものように伝票へのサインを求められる。

「ビア？」

サインした伝票を返しながら僕がビールの存在を尋ねると、彼は僕の目も見ないで「レイター」と、それがまるで当たり前かのように言って出て行った。仕方なくミネラルウォーターをコップに注ぎ、カレーを食べ始める。

五分後。再びベルが鳴った。ドアを開けると、やはり彼はふてくされたように立っていた。無言で中に入ってくると僕が食べていたテーブルの上にビール瓶を置いた。ビールのラベルの部分が白い紙ナプキンで隠すように覆われている。そして、いつもはコップが一つなのに、コップが二つあり、一つには氷が入れられている。嫌な予感がした。ビール瓶に触るとぬるい。しかも紙ナプキンをめくるとキングフィッシャーではなく、見たことのないペンギンの絵が描かれたビールである。

「This is not KINGFISHER, is it?」

英語ができない僕が付加疑問文を使っていた。しかし、こんなことで動じるようなインド人ではない。

「This beer is good, too. You are lucky!」

怒るように言い捨てて出て行ってしまった。僕は呆気に取られて見送った。そしてぬるくてまずいビールをすすった。気づくと眉間に皺が寄っている。また心の荒みが進みそうだ。

## 31「麻婆豆腐を食べ続けたら？」成都（中国）

食べ物の力で人は活力が湧く。一見、当たり前のことを初めて実感した。大好物の麻婆豆腐を食べるようになってから摩耗していた好奇心は、水がぐんぐん満たされるように湧いてきたのである。

人生の中で興味を一度も持ったことのない「三国志」の諸葛亮や劉備玄徳を祀《まつ》った武《ぶ》侯祠《こうし》や学生時代に習ったのだろうが一つも漢詩が思い浮かばない杜甫《とほ》の暮らした杜甫草堂、挙句には中年男に似合わぬパンダ専門の動物園（正確には研究所）なる場所まで意欲的に出掛けて行く。カンボジアやタイ、インドのホテル籠りの日々はいったい何だったのだろう。そう思わせる程、精神状態ががらりと変わってしまった。

最終目的地だったインドから日本に帰ろうと思っていたが、好奇心が摩耗したままこの旅を終えるのは後味が悪くて嫌だった。悶々としながら、デリーの街を歩き、店内が見えないことで何日も入りそびれていた中華料理店に意を決して入った。カレーのような色をした麻婆豆腐を食べながら、美味しい麻婆豆腐を食べたいと思ったのである。ふと、麻婆豆腐は、どこが発祥なのだろうと疑問が湧いた。ホテルの部屋に戻り、すぐにノートパソコンを開き、ネットに繋いで調べてみる。発祥は四川省成都市と書かれていた。正確には成都市郊外の小さなお店。十九世紀半ば、清の時代、陳さんという顔にあばたがたくさんあるおばさんがいた。あばたのことを中国語で「麻点」と言い、彼女は「陳麻婆」と呼ばれていた。この「陳麻婆」は豆腐料理が得意だった。そこで彼女が作る唐辛子と山椒をたっぷり使った豆腐料理を「陳麻婆豆腐」と呼ぶようになったのである。それが「麻婆豆腐」の始まりのようだ。

その話を読んだ途端、無性に成都で麻婆豆腐を食べてみたくなった。すぐにインターネットで上海経由成都便の飛行機のチケットを探して購入し、ついでに成都市内のビジネスホテルを探し、予約を入れていた。料理を食べることを目的に旅先を決めたことなど人生の中で初めてである。

数日後の昼には成都に到着していた。中国の地方都市に金髪の東洋人は目立つようで空港から市内に向かうバスの中では、遠慮のかけらもない視線を全身で受け止めた。

窓に映る一千万人都市の街の人混みに欧米人の姿が全く見当たらない。少なくとも金髪の欧米人を一人も見かけなかった。僕の金髪は店に入る際の客の視線を覚悟しなくてはいけなさそうだ。

チェックインを済ませ、部屋に荷物を置くと、さっそくホテルの隣の食堂に躊躇なく向かった。デリーから麻婆豆腐に対する気持ちの勢いは全く衰えていない。地元の中国人の客の視線を浴びるのを感じながら、中央の空いているテーブル席に座った。

「来るなら来い。四川の視線よ！」

心の中でダジャレが思いつくくらいのテンションの高ささえあった。

店内の壁には赤いメニュー表が貼られている。その中に白い文字で担担面（麺は中国語では面と書く）や麻婆豆腐の文字があった。

ポケットからメモ帳とボールペンを取り出し、「麻婆豆腐」と書くと小柄な中年女性の店員は無表情でうなずいた。ついでに「ウィズ　ライス」と発音する。

「はぁ？」

喧嘩ごしに聞こえる返しをされた。しかし、彼女にそのつもりはなく、これが中国人独特の聞き返しなのである。しかし、この「はぁ」という音は僕に対する客の視線を再び集めた。

僕の英語の発音が悪いこともあるのだろうが、それ以前に英語が全く通じないのかもしれない。「麻婆豆腐」と書いた脇に「白飯」と書く。彼女は、

「あぁ」

といった感じでふてくされたように相槌《あいづち》をうち、厨房へ注文した料理を伝えに行った。今後、「麻婆豆腐」と「白飯」のメモが役に立ちそうなので、そのページを表にしてポケットにしまいこんだ。

改めて周囲を見渡すと何人かの客と視線が合う。麻婆豆腐を食べている人はいなかった。炒飯らしき物は見かけるが、たいていの人は麺をすすっている。スープは赤く見た目からして辛そうだ。さすがは辛い料理で知られる四川省である。

白い皿に載った麻婆豆腐と白い器に盛られた白飯が現れた。最初に一口食べた印象は「美味い」だったが、その数秒後には、「美味辛い」に変わる。そして、その数分後には、「しびれ辛い」に変わった。原因は山椒の量である。中国では花椒と言い、厳密には山椒とは違い、花椒の方が香りは多少強い。この花椒が入っている量が多いため、舌をしびれさせることになる。それでもやはり来てよかったと心の底から思っ

た。このしびれる程、辛い麻婆豆腐が僕に活力を呼び戻したのである。

こうして麻婆豆腐三昧の日々が始まった。朝、昼、晩と三食とも麻婆豆腐を食べるなどということも人生で初めてのことだった。それでも飽きることはなかった。陳婆さんの名前がついた老舗《しにせ》の陳麻婆豆腐店の麻婆豆腐、露店に近い食堂の麻婆豆腐、日本で言う喫茶店のような茶楼で出す麻婆豆腐と、目につく店の麻婆豆腐を片っ端から食べ続けた。麻婆豆腐を食べる目的であれば、どこの店でもひとり飯独特の気後れもなく、ずんずんと店に入っていった。そして初日に書いた「麻婆豆腐」と「白飯」のメモを見せれば、みんなうなずいて出してくれた。

どの店の麻婆豆腐も美味しかった。どの店もしびれ辛かった。そして、どの店も最後まで食べきることができなかった。麻婆豆腐を半分食べたあたりで唇がしびれ、それ以上、食べられないのだ。店を出る頃には唇だけではなく口全体がしびれている。ちょうど歯医者で麻酔をうって治療が終わって病院を出た時の口の感覚のようだ。

食べ続けて三日目には花椒と唐辛子の量に慣れていないせいか胃がやられてしまったようで口内炎までできてしまった。それでも僕は食べ続けた。

ホテルの隣の食堂にも一日に一度は通った。初日には無愛想だった客席を切り盛りする中年女性は何日か通っているうちに顔を合わせると笑ってくれるようになった。とはいえ相変わらずお互いが言葉を交わすことはないけれど。

麻婆豆腐に飽きたのは四日目の朝だった。周囲を見渡すと相変わらず、皆、赤いスープの麵類を食べている。初めて麵類を食べてみようと思った。よく見ると中に入っている麵が違うようだ。緑豆春雨のような麵をすすっている人もいれば、刀で削ったような刀削麵をすすっている人もいる。

いつも混んでいる店だったが、朝の出勤時間は特別だった。客席に一人しかいない中年女性の店員は動きっぱなし。客は駅の立ち食いそばのように入れ替わり立ち替わり入ってくる。テーブルの上をかたづけながら客からオーダーを取り、厨房へ伝えに行く。その帰りにできあがった料理を持って戻ってくる。テーブルに料理を置くと、食べ終わった客のもとに行き、お腹に巻かれたウエストポーチから釣銭を出しながら会計をする。そして、またテーブルの上をかたづけるという最初のルーティンに戻る。彼女なりのリズムができあがっている。

「担担面」と書き、彼女のリズムを壊さないように見せる。彼女は笑顔を見せる余裕もなく、素早くうなずいて、厨房に向かう。五分後、目の前に置かれた料理に唖然《あぜん》とした。客が食べている料理のどれかは担々麺だとばかり思っていたが、どれも違ったのである。

　僕の器の中にスープは見当たらず麺が盛られて入っているだけ。麺は太く、まるで、ざるうどんのようだ。麺の上には、そぼろ状のひき肉が載っている。不思議そうに見入っていると中年女性が僕の様子に気づき、テーブルの上をかたづけながら、こちらを向いてかき混ぜる仕草をした。箸で恐る恐る麺を持ちあげる。すると下の方に真っ赤なスープが少しだけ入っている。どうやら下のスープと絡めて食べるらしい。持ちあげるようにかき混ぜる。あっという間に白い麺はラー油をまぶしたような赤い麺に変わっていく。日本で馴染みのある担々麺とは違い、油麺とつけ麺を足して二で割ったような料理である。これがまた美味辛い。

　ちょうど客足が一旦、落ち着き、中年女性は、ほんの束の間の休憩に入ったようだ。空いたテーブルの一つの席に座って肘をつきながら僕を見ていた。僕が親指を立て「グー」のサインをして笑うと彼女は笑った。笑顔の関係性は保たれているようだ。

それにしても口内炎が痛い。

# 32「食堂車の金陵料理」成都～南京(中国)

ポテトチップス二袋、豆菓子三袋、クッキー二箱、チョコレート三枚、ミネラルウォーターのペットボトルとミルク入り缶コーヒーそれぞれ二本、中国の蒸留酒「白酒」の小瓶一本。雑貨屋で買った一覧である。

上海から日本に戻る飛行機のチケットを予約し、上海に向かう途中で江蘇州の南京に立ち寄ることにした。しかも電車移動。飛行機なら三時間程度の距離も電車となると三十時間以上かかる。成都の麻婆豆腐で復活し、悪あがきのような好奇心が出た。

こんなに長い時間、電車に乗るのだから、移動中、中国人の方々から食糧をいただくことがあるかもしれない。いつか観たテレビのドキュメンタリーとどこかで読んだ雑誌のレポートの記憶の切れ端が頭の中で都合よく繋ぎあわされ、想像でできあがった中国人の同室の方へのお礼にと大量にお菓子を買い込んだのである。

固い椅子の車両、柔らかい椅子（座布団が敷いてある程度）の車両、一部屋に六つの固いマットのベッドが置かれた寝台車両、ドア付きの部屋に四つの柔らかいマットの寝台車両と、南京までの列車には値段に応じた四種類の席がある。

窓から人が飛び込むように乗り込み、荷物用の棚にまで人が寝ている映像を見たことがある。きっと椅子席に座った方が様々な人間模様は見られるだろう。しかし、いくら旅の気力が戻ったとはいえ、夜八時に乗り込み到着する翌々日の早朝まで、車内で二泊、椅子の上で座ったまま過ごすことは現実的ではない。しかも二泊分のホテルの宿泊代と交通費を考えると一番高い部屋の700元（約9800円）は安く感じられ、四つのベッドが置かれたドア付きの部屋を選んだ。

窓際に設置された小さな机の上には白いテーブルクロスがかかっており、造花のさった花瓶が置かれている。四つのベッドの上にはきれいに折り畳んだ白いシーツ。しかし、僕以外に誰も乗ってくる気配はない。トイレに行く度に部屋を出るが通路でさえも人に会っていない。他の部屋の前を通ると、ほとんどの部屋の扉が開いており、むき出しになったマットが置かれているだけ。シーツも置かれていない。使用する乗客はいないのだろう。この状況から察すると南京まで僕の四人部屋は一人で使用する可能性は高い。

中国人との出会いがないのは少し残念だが、人見知りの僕としては、どこかホッとする部分もある。問題は菓子の処分。南京のホテルまで持っていくには多い。机の上に買い込んだ物を並べた。土色の単調な風景が続く窓の景色を眺めてはポテトチップスをつまみ、文庫本のソフトを入れた携帯型ゲーム機で小説を読みながら白酒を飲み、デジタルオーディオプレーヤーで落語を聞きながら豆菓子を口に放り込み、いつしか電気をつけたまま眠りこみ、起きるとミネラルウォーターか缶コーヒーを飲む。自然に慢性的な満腹状態が続き、時間の感覚がなくなっていく。

携帯電話の表示画面で時間を確認すると既に電車が出発してから二十時間が経過していた。この間、食事らしい食事は一度もしていない。満腹感はあるが意地汚い口が温かいご飯を欲していた。パーカーとジャージの部屋着からシャツとチノパンに着替え、サンダルから黒革のスニーカーに履き換えて部屋を出た。

細い通路を何車両か通り抜けると突如、開けた空間の食堂車が現れる。四十名程は着席できるだろうか。テーブルにはくすんだブルーのテーブルクロスがかかり、椅子には白いカバーがかかっている。そのカバーと同化しそうな白いシャツを着た中国人二人だけが座っていた。彼らのテーブルの上には何も載っていない。既に食事を終えたのか、それとも、これから食事をするのだろうか。談笑していた彼らの一人が僕の姿を見ると会話を止めた。彼の視線に気づいてもう一人の男性も振り向いて僕の存在を確かめる。敵意もなければ笑みもない純粋な奇異の目で僕の金髪を凝視していた。

彼らの脇を通り、車両の中央辺りの席に座った。寝台の脇にある窓に慣れているせいか、食堂車の連なる窓に流れる景色は、まるで小型テレビから大型テレビに買い替えた後のように新鮮に映る。

既に太陽は落ち、青白いぼんやりした外光と天井の頼りなさげな蛍光灯に照らされた車内は、シルバーの皿に載ったオムライスかナポリタンが似合う昭和の洋食屋の雰囲気が漂っていた。

車両の四分の一程度を占める厨房の様子は座った場所からよく見えた。コックコートを着た二人の中年男性が料理中……いや作業中だった。一人が底の深い発泡スチロールの器にご飯をよそい、もう一人がその上にあんかけ料理をかけ、カウンターに次々に置いていく。その器に中年の女性スタッフが蓋をして、ゴムバンドで留めると移動用のワゴンに詰めていく。その数たるや半端ではない。車内の販売用なのだろうか。弁当を詰めていた女性が僕の姿に気づく。作業を一旦、中断し、こちらまで風が伝わりそうな程のため息を吐いた後で、メニューのシートを持ってやってきた。

漢字だけが並んだシンプルなメニュー。上から下まで目で追い、「面（麺のこと）」と「飯」の漢字を探す。漢詩のように並んだ文字の中から想像がつきやすい料理を早く探す方法である。しかし、面と飯の文字は見当たらない。恐らくメニューは一品料理の名前がずらりと記されているのだろう。不満気に僕の注文を待つ女性を横にして、これだけの漢字の中から料理の想像がつくメニューを選びだすのは僕にとっては至難の業《わざ》である。仕方がないので弁当用のぶっかけ飯を指そうと顔をあげた瞬間、女性は金陵●▽鴨の文字を手に持っていたボールペンで指した。

「これがおススメ料理だよ」

という意味なのかなぁとも思ったが、相変わらず不満気な彼女の表情からすると、

「今はこれしか作れないよ」

と言いたがっているような気もする。●▽の部分の漢字は日本の漢字にはなく、想像もつかないが（実はそれがとても重要だったりもする）、金陵というのは南京の古い呼び方である。簡単に言えば南京風の鴨ということなのだろう。これから南京に向

かうわけだし……。

「じゃ、これで」

僕は大きくうなずきながら、日本語でつぶやいて再度、金陵●▽鴨の文字を指した。

料理が決まると、「啤酒」（ビール）の文字にも目が反応し、指をずらし追加する。

「ビールはどこにあったかしら」

といった感じで彼女は「啤酒、啤酒」とつぶやき、ボールペンを小刻みに揺らしながら周囲を見渡す。そして座っていた中国人男性に声をかける。男性の一人は立ちあがり、別の車両に歩いていった。客席に座っていた二人組は客ではなく、スタッフだった。後から知ったのだが、食堂車は乗っているスタッフのまかない飯を食べる休憩場所としての機能もあるらしい。

男性は「天島啤酒」と書かれた日本で馴染みのある青島《チンタオ》ビールに似た緑色の瓶のビールを一本かかえて戻ってきた。車内販売のワゴンから持ってきたのだろう。僕の机の上に置くと栓をその場で抜いてくれた。グラスはついていない。グラスに注ぐ仕草をしながら、

「グラス？」

と聞くと彼は首を振った。瓶の先についた錆を指でぬぐい、ラッパ飲みでビールを流し込む。相変わらずぬるい。このぬるいビールも成都で、すっかり慣れた。中国には冷たい物を飲むことは身体によくないという概念があるようで、夏でさえも冷たいビールを飲まない人が多いと聞く。

料理はなかなか出てこなかった。厨房の様子からすると車内販売用の弁当の準備が終わるまで、鴨料理を作る気はなさそうだ。まぁ、時間は腐る程あるのだからいい。ぬるいビールをすすって待つことにする。車窓に流れる景色はみるみるうちに暗くなりはじめ、ガラス窓に自分の姿が映り込む。ふと自分の姿に「一年歳をとったんだなぁ」と心の中で語りかける。一年の間に体験した様々なひとり飯の光景が走馬灯のように流れ始めた。

牛が歩く横で貪ったデリーの立ち食いカレー、世界遺産を眺めながらつまんだブリュッセルのフライドポテト、市場で山積みになったウニやイクラを横目にほおばったサンティアゴの包み揚げエンパナーダ、世界有数の渋滞で知られるメキシコシティの道路を眺めながら食べたとうもろこしに生える黒いキノコ……正直、味はほとんど記憶に残っていない。しかし、その店に入って注文するまでの時間、ひとり飯に対する抵抗感から来る様々な感情と食事をした時の光景は記憶に深く刻み込まれている。

注文してから二十分程経ち、女性店員が持ってきた皿には蒸した鴨が載っていた。上品な味わいで美味しいに違いないのだろうが、成都で唐辛子だらけの赤い色の料理に慣れてしまった僕の舌には少々、物足りなく感じられる。この味もしばらくすると僕の記憶から消え去っていくだろう。不満気な女性店員の脇でメニューを決めるまでの感情と夕暮れから夜の景色に移りゆく車窓、そしてテーブルの上に載った蒸し鶏の光景の記憶を残して。

## 33「野外フードコートで最後のひとり飯」南京（中国）

相席。ひとり飯の宿命である。同じテーブルに座る先客の男性たちも、それぞれひとり飯のようなので少しは気が楽である。軽く会釈し、一席だけ空いている簡素なプラスチック製の椅子に座った。

対面《トイメン》に座る青年は白飯に野菜の味噌炒めを載せた丼物から目を離さず、食べることだけに集中している。斜め前の老人は汁気をたっぷり含んだ水餃子をかじり、金髪の僕を珍しそうに凝視し、隣の中年男性は宙を見ながら頼んだ料理を待っていた。

特に汚れていないがビールの瓶の先を親指でこする。旅の間に瓶に付着している栓の錆を拭き取る仕草がすっかり癖になってしまった。液体が染み出しそうな薄いプラスチックのコップに常温のビールを注ぎ、一気に喉へ注ぎ込む。ホテルを出る前にインターネットで見た天気予報では最高気温14度。三月の南京は冷たいビールを飲むには少々、肌寒いが、ぬるいビールはちょうどいい。しかも太陽が照っていれば外で食事をすることも苦にはならない。

幹線道路に面したスーパーの駐車場の脇に、水餃子屋、丼物屋、デザート屋が並び、その前にはビーチパラソルのついた折り畳みのテーブルと椅子が並べられ、三十名程が食事できるようになっている。フードコートの野外版といった感じである。昼食の時間帯は過ぎているが、全ての席がほぼ埋まっていた。ひとり飯の割合が高いせいか中国人の賑わいを象徴するような活気ある中国語が飛び交う雰囲気はない。多少は中国語が飛び交っているのかもしれないが幹線道路に次々と停車しては出発していく古いバスのエンジン音にかき消されてしまう。

「猪肉」と「飯」の漢字が入った料理を注文した。「猪肉」は豚肉の意味。カウンターの前面にしかメニューが貼られていないため、肘の部分がほつれたセーターを着た若い店員はカウンターから身体を乗りだし、身体を折り曲げ、僕が指している料理名を確認してから、同じブース内のコンロが一つしかない狭いスペースで調理している父親らしき男性に注文を伝えた。

「アンド　ビア」とビールも一緒に注文する。英単語を口にした途端、相手の眉間に皺が寄るのを見て、咄嗟に上着のポケットからメモ帳を取り出し、「啤酒」と書かれたページを開く。南京のような都市でもビールの英単語が通じない店は山程ある。店内にビールのポスターが貼られていればビール瓶の写真を指せば伝わるが、そんな都合よく、いつも貼ってあるわけでもなく、この店のように貼られていない店も山程ある。「ビーチュウ」とビールを中国語で発音するのも一つの方法だが、以前、一度つぶやいたが通じず、打たれ弱い僕はそれ以来、「ビア」が通じなければ、「啤酒」と書いたメモを見せることにしていた。

　漢字を見せると近くに立っていた中国人たちが僕のメモをのぞきこむ。外国人の漢字の筆跡に興味が湧くのだろう。僕だって外国人がひらがなを書いた文字のメモを持っていたら、のぞきこみたくなるに違いない。彼らのように堂々とはのぞかないで、盗み見という姑息な見方をするだろうが。

　同じページに書かれている「餃子」「白飯」「麻婆豆腐」の文字を指して笑う人もいる。文字を見た後で僕に向かって、親指を立てる若者もいた。吹きだしをつければ「ＧＯＯＤ！」ということになるだろうか。筆跡を褒めているのではなく、「がんばって、よく漢字を書きましたね」と、まるで日本人は漢字を使わない民族だと思っているかのように。

　このメモは場をなごませるにはいいようで、本来なら、そこで地元の人たちとコミュニケーションを取りながら、それぞれの正しい中国語の発音を憶えていくなりすることが旅の醍醐味なのかもしれない。しかし、僕の性格ではそれができず、いつもと同じように頭を掻きながら笑うのが精一杯だった。

　ここ数年激しくなる中国人の反日感情に加え、南京大虐殺の歴史もあるこの街に滞在することに不安がなかったと言うと嘘になる。しかし、一週間の滞在中、言葉が通じなくて困ったことは何度かあったが、排他的な扱いを受けたり、嫌な思いをしたことは一度もなかった。逆に映画館へ「ドラゴンボール」の中国語吹き替え版を観に行った際、たまたま隣に座った日本アニメのファンの若い女性から彼女が持っていたマクドナルドのフライドポテトをいただいたり、コピーできる場所を探していた際、一緒にコピーショップを探してくださる方がいたりとこの街の住民には何かと親切にしていただいた。

　隣の中年男性のもとに八宝菜を載せた中華丼のような食べ物が運ばれ、その直後に僕が頼んだキュウリと豚肉のあんかけ風の炒め物が載った丼物も運ばれてきた。どちらの丼物も中身は多少違うが、あんの色は全く同じ薄い茶色なので、同じ中華鍋で作っていたのかもしれない。

周囲の目線は僕の目の前の料理に注がれている。別に何を言うわけでもなく、ただ外国人の僕が何を頼んだかを確認しただけのようだ。丼を食べ終わっていた青年は僕の料理を確かめた後、意味ありげに細かくうなずいて席を立った。「いい料理を選んだなぁ」的な肯定的なうなずきなのか、「そんな料理を頼むなんて、やっぱり外国人だなぁ」的な否定的なうなずきなのかは読みとれなかった。

炒め物に絡みついたあんが熱を逃がさないため、口に入れるまで時間を要する。料理の汁気が白飯に少しでも染み込むように添えられたレンゲで白飯の隙間を作って器の底へあんを流し込んだ。中国の「白飯」は相変わらず艶がなく、冬の乾燥肌のようである。基本的に味にうるさくはないが、白飯だけは光った白飯が食べたいという欲求があった。吉林省など東北部には上質な米の産地があるようだが、そういった米の質以前に中国人は米の炊き方にこだわりがないらしい。日本のように米を研ぐという習慣はなく、さっと洗うだけなので、光った白飯にはならず、どうしてもパサパサの白飯に仕上がる。よって白飯だけで食べるより、こういった丼物のように料理の汁気が混ざり合った方が美味しく食べられると思う。

青年が去った後、彼がフードコートの流れのスイッチを押したかのように、昼食を済ませた客があちこちで席を立ち始めた。隣の中年男性は、熱さに強い舌を持っているのか中華丼を口の中にかきこむスピードが速く、あっという間に食べ終え、レンゲから手を放すと同時に席を立って行ってしまった。

一九八〇年代の香港映画に出てきそうなどこかコミカルな雰囲気の老人は水餃子を食べ終え、僕が食べる様子をじっと見ていた。正確には金髪を見ていると言った方がいい。アジア人の金髪に対する視線は、どこの国でもたいてい同じで、これは、ひとり飯で店に入る際の抵抗感に繋がる。しかし、一年間、僕は金髪のまま旅を続けた。目立たない方が旅の安全面から考えるといいと言われているが、逆にあえて目立つ格好をしている方が人目につくのでスリや泥棒に遭いにくいよと旅慣れた知人が言っていたことの方が僕には腑に落ち、その言葉を頑なに信じて実行に移していた。それだけが理由になったとは思わないが、この一年、泥棒や強盗などのトラブルは一度もなかった。

老人は僕に何か話しかけたそうだったが、笑顔でしか受け答えできない僕ではどうすることもできない。しばらくすると、あきらめるようにして立ち去っていった。テーブルは彼らが残していった空の器と僕だけになる。賑やかな食卓から祭りの後のような寂しい食卓へ変わっていく。しかし、旅の最後を迎えようとしている今、こうした雰囲気も悪くない。

旅の最初の頃は、どこの店で食べるかを決めて入るまでにかなりの時間を要したが、今では店の雰囲気や来ている客、店員などから咄嗟に判断できるようになった……と言えるようになりたかった。実際は未だに店の選び方は、よくわからない。

最初はひとり飯に抵抗感を覚えていたが、だんだん肝もすわり、ひとり飯が好きになった……と言えるようになりたかった。実際は相変わらず、ひとり飯に対する苦手意識は払拭できなかった。

同じ店に通う心地よさは覚えたが、新しい店に入る時の緊張感は変わらない。店員に言葉が通じない時の対処の仕方はいくつか覚えたが、料理名がずらりと並んだメニューを見た時の戸惑いは変わらない。臆病で優柔不断という性格は、一年程度の旅で変えられるものではなかった。

ただ、ひとり飯は「苦手」だが、「嫌」ではなくなっている。様々な抵抗感を覚える中でうだうだ考える時間も悪くないと思うようになった。うだうだ考えた分だけ、その時の食事の記憶が深く刻まれることに気づいたからだろう。それが人生において役に立つのかと聞かれると困るが、今後、似たような光景の中で食事をする際、もしくは似たような料理を食した場合、旅の時間を思い出すことはあると思う。となれば、その記憶は食事の時間を豊かにする財産である。

噛みごたえのないきゅうりをすくい、ゆっくり丁寧に口に運び、残ったビールをすする。にじみ出てくるひとり飯の記憶に浸っていると徐々に寂しさがこみあげてきた。しかし、寂しさの後にホッとした感情も現れる。明日の今頃は日本である。

この作品は書き下ろしです。原稿枚数360枚（400字詰め）。

# 世《せ》界《かい》一周《いっしゅう》ひとりメシ

イシコ

平成24年7月5日　初版発行

発行人――石原正康
編集人――永島賞二
発行所――株式会社幻冬舎
〒151-0051東京都渋谷区千駄ヶ谷4-9-7
電話　03(5411)6222(営業)
　　　03(5411)6211(編集)
　　振替00120-8-767643
印刷・製本―近代美術株式会社
装丁者――高橋雅之



幻冬舎文庫

ISBN978-4-344-41885-1　C0195　　い-42-1

幻冬舎ホームページアドレス　http://www.gentosha.co.jp/
この本に関するご意見・ご感想をメールでお寄せいただく場合は、
comment@gentosha.co.jpまで。